ND
ŒUVRES
DE M. DE BALZAC.

ROMANS
ET CONTES
PHILOSOPHIQUES.

PARIS. — IMPRIMERIE DE COSSON,
Rue Saint-Germain-des-Prés, n° 9.

ROMANS
ET CONTES
PHILOSOPHIQUES,

PAR M. DE BALZAC.

Seconde Édition.

TOME TROISIÈME.

L'ENFANT MAUDIT.
L'ÉLIXIR DE LONGUE VIE. — LES PROSCRITS.
LE CHEF-D'ŒUVRE INCONNU.
LE RÉQUISITIONNAIRE.
ÉTUDE DE FEMME. — LES DEUX RÊVES.
JÉSUS-CHRIST EN FLANDRE.
L'ÉGLISE.

PARIS,
CHARLES GOSSELIN, LIBRAIRE,
RUE SAINT-GERMAIN-DES-PRÉS, N° 9.

M DCCC XXXI.

L'Enfant maudit.

I.

UNE CHAMBRE A COUCHER DU XVIᵉ SIÈCLE.

Par une nuit orageuse du mois de novembre, et sur les deux heures du matin, la comtesse Jeanne d'Hérouville ressentant de cruelles angoisses, pensa, malgré son inexpérience, qu'elle pouvait être sur le point d'accoucher. Le sentiment des personnes souffrantes les porte presque toujours à changer la position dans laquelle elles éprouvent les premières atteintes d'une douleur. Et alors, cherchant à dissiper de sinistres pressentimens, la comtesse essaya de se mettre sur son séant comme pour étudier la nature de ses souffrances, et réfléchir à la situation critique où elle allait se trouver. Elle était assaillie par des craintes trop vives, pour songer aux périls d'une crise maternelle qui cause toujours quelque épouvante aux femmes quand elles doivent la subir pour la première fois.

En tâchant de se lever, la comtesse prit, pour ne pas éveiller son mari qui dormait auprès d'elle, des précautions minutieuses, dictées, sans doute, par le plus tendre amour ou par une profonde terreur. Quoique les douleurs devinssent de plus en plus intenses, elle cessa, pendant un moment, de les sentir. Toutes ses forces furent absorbées par une pénible entreprise. Elle essayait d'appuyer sur l'oreiller ses deux mains presque humides, afin de se dresser insensiblement, et de faire quitter à la moitié de son corps endolori la posture horizontale qui la privait de son énergie.

Au moindre bruissement de l'immense courtepointe en moire verte, sous laquelle

elle avait si peu dormi depuis son mariage, elle s'arrêtait comme si elle eût tinté une cloche. Puis, forcée, par la nécessité, d'épier l'effet que ses mouvemens produisaient sur le sommeil de son mari, elle dirigeait alternativement le regard de ses longs yeux bleus sur les plis de la moire importune, et sur une large figure basanée, dont elle sentait la moustache à son épaule. Si une respiration par trop bruyante s'exhalait des lèvres de son gardien, la jeune femme exprimait des peurs soudaines qui ravivaient encore l'éclat du vermillon répandu sur ses joues blanches par les angoisses d'un enfantement prochain. Elle ressemblait à un criminel qui, parvenu nuitamment jusqu'à la porte de sa prison, espère, pendant le sommeil du geôlier, faire tourner sans bruit, dans une impitoyable serrure, la clef qu'il a savamment dérobée.

Enfin la comtesse réussit à se lever sans avoir troublé le calme qui régnait sur le visage de son mari. Quand elle se trouva sur son séant, elle laissa échapper un geste involontaire de joie enfantine qui accusait une touchante naïveté de caractère; mais le sourire à demi formé sur ses lèvres enflammées fut promptement réprimé. Une pensée vint rembrunir son front pur, et sa brillante figure reprit une expression de tristesse. Elle poussa un long soupir, replaça ses mains, non sans de prudentes précautions, sur le fatal oreiller conjugal; et, comme si, pour la première fois depuis son mariage, elle se trouvait libre de ses actions et de ses pensées, elle regarda timidement autour d'elle. Vous eussiez dit d'un oiseau contemplant sa cage.

L'on devinait facilement que naguère elle était toute joie et toute folâtrerie, mais que, subitement, le destin avait moissonné ses espérances et changé sa gaîté ingénue en mélancolie.

La chambre, objet de sa curiosité, était une de ces chambres antiques que, de nos jours encore, quelques concierges octogénaires annoncent ainsi aux voyageurs qui visitent les vieux châteaux :—Voici la chambre de parade où Louis XIII a couché.

De belles tapisseries, mais généralement brunes de ton, étaient encadrées par de grands panneaux en bois de noyer, dont le temps avait noirci les sculptures délicates. Les solives du plafond, disposées avec art, formaient des caissons de couleur fauve et ornés de moulures. Ces décorations, de style sévère, réfléchissaient si peu la lumière, qu'il était difficile de voir les dessins des frises, même lorsque le soleil illuminait de ses rayons les plus chauds, cette chambre haute d'étage, large et longue, qui conservait toujours de solennelles ténèbres.

Aussi, la lampe d'argent posée sur le manteau d'une vaste cheminée, éclairait-elle alors si faiblement, que sa lueur tremblotante pouvait être comparée à ces étoiles nébuleuses qui apparaissent à peine sur le voile grisâtre d'une nuit d'automne.

Les marmousets qui se pressaient dans le marbre noir du chambranle de cette cheminée, placée presque en face du lit de la comtesse, avaient des figures si grotesquement hideuses qu'elle n'osait y arrêter ses regards, dans la crainte de les voir se remuer ou d'entendre un rire éclatant sortir de leurs bouches béantes et contournées. En ce moment, cette cheminée semblait être l'organe d'une horrible tempête qui ravageait l'océan, car elle en traduisait les moindres rafales avec une lugubre fidélité. Son âtre était, grâce à la largeur démesurée du tuyau, en communication si directe avec le ciel, que les nombreux tisons du foyer avaient une sorte de respiration : ils brillaient et s'éteignaient tour à tour, selon les caprices et la force du vent. Au dessus de cette cheminée, l'écusson de la famille d'Hérouville était sculpté en marbre blanc avec tous ses lambrequins et les figures de ses tenans, ornemens qui donnaient à cette espèce d'édifice l'apparence d'un tombeau. Evidemment cette cheminée avait été destinée à faire, dans l'ordonnance de la chambre, le pendant du lit occupé par la comtesse et son mari.

Quant à ce monument élevé à la gloire de l'hyménée, un architecte moderne eût été fort embarrassé de décider si la chambre avait été construite pour le lit, ou le lit pour la chambre. Il ressemblait assez à ces *œuvres* où siégent les membres de la fabrique dans les riches paroisses. Deux amours qui jouaient sur un ciel de noyer orné de fleurons galans, auraient pu passer pour des anges, et les colonnes de même bois qui soutenaient le dôme offraient des allégories mythologiques dont l'explication se trouvait également, au gré des savans, dans la Bible ou dans les Métamorphoses d'Ovide. Le tout aurait convenu à une chaire ou à une œuvre aussi bien qu'à un lit. Les époux montaient par trois marches à cette somptueuse couche, entourée d'une estrade ; et deux immenses courtines de moire verte à grands dessins brillans, nommés *ramages*, peut-être parce que les oiseaux qu'ils représentent sont censés chanter, l'enveloppaient en décrivant des plis si raides, qu'à la nuit, on eût pris cette soie pour un métal flexible.

Sur le velours vert, orné de crépines d'or, tendu au fond de ce lit seigneurial, la superstition crédule des comtes d'Hérouville, qui pourtant de religion ne se souciaient guère, avait attaché un grand crucifix en travers duquel, tous les ans, le chapelain du château plaçait un nouveau rameau de buis bénit, en même temps qu'il renouvelait au jour de *Pâques fleuries* la provision d'eau sainte contenue dans un petit bénitier incrusté à l'extrémité inférieure de la croix.

D'un côté de la cheminée était placée une armoire de bois précieux et magnifiquement ouvragé, que les jeunes mariées recevaient encore en province le jour de leurs noces. Ces vieux bahuts, si recherchés aujourd'hui par les antiquaires, contenaient le linge, les robes de prix, les ceintures et toutes les ressources de la coquetterie du xvie siècle. C'était l'arsenal où les femmes puisaient les trésors de leurs parures plus riches qu'élégantes.

De l'autre côté, pour la symétrie, se trouvait un meuble semblable, qui servait de secrétaire à la comtesse. D'antiques fauteuils en tapisserie, un grand miroir verdâtre, fabriqué à Venise et curieusement encadré dans une espèce de toilette roulante, achevaient l'ameublement de cette chambre, dont le plancher était couvert d'un tapis de Perse qui attestait la galanterie du comte.

Sur la dernière marche, qui servait de socle au lit, était une petite table destinée à recevoir la coupe d'argent ou d'or dans laquelle, tous les soirs, les époux trouvaient un breuvage préparé avec des épices.

Ces descriptions peuvent déplaire à certaines personnes qui veulent à tout prix des événemens ; mais quand nous avons fait quelques pas dans la vie, nous connaissons assez la secrète influence exercée par les lieux sur les dispositions de l'âme, pour sympathiser avec des sites.

Or, la comtesse inventoriait avec terreur cette chambre, sur laquelle elle n'avait pas encore pu jeter aussi librement les yeux. Ce luxe sévère lui semblait inexorable, et il y a beaucoup d'instans mauvais où l'on trouve je ne sais quels gages d'espérance dans les choses qui nous entourent. Heureux ou misérable, l'homme donne une physionomie aux moindres objets dont il est environné, les écoute, les consulte, tant il est naturellement superstitieux. En ce moment, la comtesse, promenant ses regards sur tous les meubles, comme s'ils eussent été des êtres, semblait leur demander secours et protection.

Tout à coup la tempête redoubla. Devenant alors plus craintive en entendant les menaces de l'ouragan, la jeune femme n'osa plus rien augurer de favorable sous d'aussi tristes lambris, et par un tel courroux du ciel, dont les changemens étaient interprétés, à cette époque de crédulité, suivant les espérances et les habitudes de chaque esprit.

La comtesse, aussi épouvantée du tumulte extérieur que de ses appréhensions secrètes, reporta soudain les yeux vers deux fenêtres en ogive qui étaient au bout de la chambre ; mais la petitesse des vitraux et la multiplicité des lames de plomb ne lui permirent pas de s'assurer, par l'état du firmament, si la fin du monde approchait, comme le prétendaient quelques moines affamés de donations. La comtesse aurait pu facilement y croire, car le bruit de la mer irritée, dont les vagues assaillaient les murs du château, se joignit au mugissement de la tempête, de manière à faire trembler les rochers. Cet effort de la nature réveilla de nouvelles douleurs dans les entrailles de la future mère. Alors, sans jeter une plainte, elle se tourna lentement vers le crucifix, et après avoir mis, par un regard, toutes ses espérances en Dieu, elle osa contempler la figure de son mari.

Quoique ses souffrances se succédassent toujours plus vives et plus cruelles, elle se tint appuyée sur ses deux mains fatiguées, sans pousser un cri, sans se hasarder à réveiller son protecteur naturel, dont toute autre femme, à sa place, aurait énergiquement réclamé le secours.

Elle se mit à examiner, avec une curiosité

mêlée d'effroi, des traits qu'elle avait toujours eu peur d'analyser. Il semblait que le désespoir pouvait seul lui conseiller d'en sonder les mystères.

Si les choses étaient tristes autour d'elle, cette figure, toute calme qu'elle pût être dans le sommeil, paraissait plus triste encore, et jamais habitation ne fut plus digne du maître. Agitée par les coups de vent, la flamme ondoyante de la lampe venait mourir sur les bords du lit; et, n'illuminant la tête du comte que par momens, les caprices de la clarté mouvante simulaient sur ce visage en repos les effrayans débats d'une pensée orageuse. Un tel spectacle fit d'abord peur à la comtesse. A peine fut-elle même rassurée en reconnaissant la cause de ce phénomène. Chaque fois qu'une nappe de lumière arrivant sur cette grande figure y projetait les ombres des nombreuses callosités qui la caractérisaient, il lui semblait que son mari allait s'éveiller et fixer sur elle deux yeux gris, dont elle n'avait pas encore pu soutenir la rigueur.

Le front du comte était menaçant, même pendant le sommeil : des sillons multipliés y imprimaient une vague ressemblance avec ces pierres vermiculées dont quelques monumens sont ornés ; et, comme les mousses blanches ou vertes qui pendent aux branches des vieux chênes, ses cheveux, gris avant le temps, l'entouraient sans grâce. L'intolérance religieuse siégeait sur ce front implacable et guerrier. La forme du nez aquilin, les os saillans du visage, la rigidité des rides profondes, le dédain écrit sur la lèvre inférieure, les noirs contours de l'œil, tout indiquait une cruauté presque innée, une ambition d'autant plus à craindre que l'étroitesse de la tête trahissait un défaut absolu d'esprit. Il était facile de lire une intrépidité native, mais sans générosité, dans ce visage qu'une large balafre avait encore horriblement défiguré. Cette ancienne plaie y formait une couture transversale qui figurait une seconde bouche dans la joue droite.

A l'âge de trente ans, le comte s'était fait un nom dans la malheureuse guerre de religion dont la Saint-Barthélemi fut le signal. Il avait été grièvement blessé au siége de La Rochelle. La malencontre de sa blessure, pour parler le langage du temps, augmenta sa haine contre ceux de la *religion;* et, par une disposition morale assez naturelle, il enveloppa les hommes à belles figures dans le sentiment qu'il vouait aux calvinistes. La défiance que lui donna sa laideur le rendit d'une extrême susceptibilité. N'osant jamais croire qu'il pût inspirer grande passion aux femmes, son caractère était devenu sauvage. S'il avait eu des succès en amour, il ne les devait guère qu'à la frayeur inspirée par ses cruautés.

La main gauche, que le terrible catholique avait hors du lit, achevait d'en peindre le caractère. Étendue de manière à garder la comtesse comme un avare garde son trésor, cette main énorme était couverte de poils si nombreux, d'un dédale de veines et de muscles si saillans, qu'elle ressemblait à une branche de hêtre entourée des tiges d'un lierre jauni.

En contemplant la puissante figure du comte, un enfant l'aurait attribuée au corps d'un de ces ogres dont les nourrices racontent de si terribles histoires. Il suffisait de voir la largeur et la longueur de la place occupée dans le lit par le comte pour lui reconnaître des proportions gigantesques. Ses yeux étaient surmontés de gros sourcils grisonnans qui cachaient les paupières, de manière à donner à son regard une sorte de férocité dont on ne peut avoir une idée qu'en le comparant à celui d'un loup. Sous son nez, deux larges moustaches peu soignées, car il méprisait singulièrement la toilette, ne permettaient pas d'apercevoir sa lèvre supérieure; et, heureusement pour la comtesse, la large bouche de son mari était muette en ce moment, car les plus doux sons qui en sortaient la faisaient frissonner. Enfin, quoique le comte d'Hérouville eût à peine cinquante ans, au premier abord on pouvait lui en donner soixante, tant les fatigues de la guerre, sans altérer sa constitution robuste, avaient outragé sa physionomie; mais il se souciait fort peu de passer pour un *mignon*.

La comtesse, qui atteignait à peine sa dix-huitième année, formait, auprès de cette immense figure, un contraste pénible à voir. Elle était blanche, svelte, délicate. Ses cheveux châtains se jouaient sur son cou comme des nuages de bistre. Vous eussiez dit d'une apparition.

— Non, il ne nous tuera pas!... s'écria-t-elle mentalement après avoir long-temps contemplé son mari. N'est-il pas franc, noble, courageux et fidèle à sa parole... — Fidèle à sa parole?....

En reproduisant cette phrase par la pensée, elle tressaillit violemment, elle pâlit et resta comme stupide.

Pour comprendre toute l'horreur de la situation où se trouvait la comtesse, il est nécessaire d'ajouter que cette scène nocturne avait lieu en 1593, époque à laquelle la guerre civile régnait en France, et où les lois y étaient sans vigueur. Le parti de la Ligue, opposé à l'avénement de Henri IV, surpassait dans ses excès toutes les calamités des guerres précédentes. La licence devint même alors si grande qu'il n'était pas surprenant de voir un grand seigneur faire tuer son ennemi publiquement et en plein jour. Lorsqu'une expédition militaire, dirigée dans un intérêt privé, était sagement conduite, il suffisait de l'entreprendre au nom de la Ligue ou du roi pour obtenir les plus grands éloges des deux parts.

Quant aux meurtres commis en famille, s'il est permis de se servir de cette expression, on ne s'en souciait pas plus, dit un contemporain, que d'une *gerbe de feurre*, à moins qu'ils n'eussent été accompagnés de circonstances par trop cruelles.

Quelque temps avant la mort du roi, une dame de la cour ayant assassiné un gentilhomme qui avait tenu sur elle des discours malséans, un des mignons de Henri III lui dit :

— Elle l'a, par Dieu! sire, fort joliment dagué!

Par la rigueur de ses exécutions, le comte d'Hérouville, un des plus emportés royalistes de Normandie, maintenait, sous l'obéissance de Henri IV, toute la partie ouest de cette province qui avoisine la Bretagne. Chef de l'une des plus riches familles de France, il avait considérablement augmenté le revenu de ses nombreuses terres en épousant, sept mois avant la nuit pendant laquelle commence cette histoire, Jeanne de Saint-Savin, jeune demoiselle qui, par un hasard assez commun dans ces temps, où les gens mouraient dru comme mouches, réunit subitement sur sa tête les biens des trois branches opulentes de la maison de Saint-Savin.

Deux mois après, il s'éleva, dans un repas donné au comte et à la comtesse d'Hérouville par la ville de Bayeux, à l'occasion de ce mariage, une discussion qui, à cette époque d'ignorance, fut trouvée mal sonnante et fort saugrenue. Elle était relative à la prétendue légitimité des enfans venant au monde dix mois après la mort du mari, ou sept mois après la première nuit des noces.

— Madame, avait dit brutalement le comte à sa femme, quant à me donner un enfant de dix mois après ma mort..., je n'y peux!... — Mais, pour votre début, n'accouchez pas à sept mois.

— Que ferais-tu donc, vieil ours? demanda le jeune marquis de Pont-Carré, pensant que le comte voulait plaisanter.

— Je tordrais fort proprement le col à la mère et à l'enfant.

Une réponse aussi péremptoire servit de clôture à cette discussion imprudemment élevée par un médecin bas-normand. Les convives gardèrent le silence en contemplant, avec une sorte de terreur, la jolie comtesse d'Hérouville ; car ils étaient persuadés que, dans l'occurrence, ce farouche seigneur exécuterait sa menace.

La terrible parole du comte retentit dans

le sein de la jeune femme, alors enceinte; et, à l'instant même, un de ces pressentimens qui viennent sillonner l'âme comme des éclairs l'avertit qu'elle accoucherait à sept mois. Une chaleur intérieure lui monta des pieds jusqu'au cœur, et ses oreilles tintèrent avec violence. Depuis lors, il ne se passa pas un jour sans que ce mouvement de terreur secrète n'arrêtât les élans les plus innocens de son âme.

Le souvenir du regard et de l'inflexion de voix qu'eut son mari en prononçant cet arrêt glaçait encore le sang de la comtesse, et lui faisait oublier ses douleurs lorsque, penchée sur cette tête endormie, elle y cherchait durant le sommeil les indices d'une pitié toujours absente pendant le jour. Tout-à-coup, sentant un mouvement vigoureux qui annonçait la turbulence de cet enfant menacé de mort avant de naître, elle s'écria bien doucement, et d'une voix qui ressemblait à un soupir :

— Pauvre petit!...

Elle n'acheva point. Il y a des idées qu'une mère ne supporte pas; et la comtesse, incapable, en ce moment, de raisonner, fut comme étouffée par une angoisse d'âme qui lui était inconnue. Deux larmes, s'échappant de ses yeux, roulèrent lentement le long de ses joues, y tracèrent deux lignes brillantes, et restèrent suspendues au contour de son blanc visage, semblables à deux gouttes de rosée sur une fleur.

Le chagrin auquel elle était en proie s'étendait sur toute sa vie, comme l'exhalaison empestée qui corrompt l'air d'une verte campagne. La sanglante réponse échappée au comte était un anneau mystérieux qui rattachait les événemens de la jeunesse de sa femme à cet accouchement prématuré; et ses odieux soupçons, si publiquement exprimés, avaient jeté dans les souvenirs de la comtesse toute la terreur dont ils dotaient l'avenir.

Aussi, depuis ce fatal repas, la jeune femme s'était-elle abstenue, comme d'une faute, de contempler le passé. Elle chassait, avec autant de crainte qu'une autre aurait pris de plaisir à les évoquer, mille tableaux épars que sa vive imagination lui dessinait souvent malgré ses efforts. Elle se refusait à se perdre dans les visions des heureux jours où elle était libre encore. En effet, semblables aux fragmens des mélodies du pays natal qui font pleurer les bannis, ses méditations lui retraçaient des sites et des sentimens si délicieux que sa jeune conscience les lui reprochait comme autant de crimes. Ses souvenirs étaient un commentaire qui rendait bien plus terrible encore la promesse du comte, et ils contenaient les véritables, les plus puissans secrets de l'horreur à laquelle la comtesse était en ce moment livrée.

Il règne sur les figures endormies une espèce de suavité due au repos parfait du corps et de l'intelligence. Or, quoique cette absence de toute passion ne pût guère communiquer de charme aux traits du comte, cependant l'illusion est si attrayante pour les malheureux que la jeune épouse finit par trouver un espoir dans ce calme trompeur. Ses craintes et ses douleurs lui laissèrent un moment de répit; la tempête, déchaînant des torrens de pluie, ne faisait plus entendre qu'un bruissement mélancolique; et alors, tout en contemplant l'homme auquel sa vie était à jamais liée, la comtesse tomba insensiblement dans une rêverie dont elle n'eut pas la force de combattre la douceur enivrante.

En un instant, par une de ces intuitions

d'âme qui participent de la puissance divine, elle fit passer rapidement devant elle les ravissantes images du bonheur qui n'était plus.

Elle aperçut d'abord faiblement, et comme dans la lointaine lumière de l'aurore, le modeste château où son insouciante enfance s'était écoulée, la pelouse verte, le ruisseau frais, la petite chambre, théâtre de ses jeux. Elle se vit cueillant des fleurs, les plantant, et ne devinant pas pourquoi elles se fanaient sans grandir, malgré sa constance à les arroser.

Bientôt lui apparurent, confusément encore, la ville immense et le vieil hôtel de pierre où elle fut conduite à sept ans. Alors sa railleuse mémoire lui montra les vieilles têtes de tous les maîtres qui la tourmentèrent. Puis, à travers des mots d'italien et d'espagnol, en écoutant, dans son âme, des romances et les sons d'un joli rebec, elle se rappela la personne de son père : au retour du parlement, il descendait de sa mule à l'aide d'une grande pierre, montait lentement l'escalier, et ne déposait les soucis judiciaires qu'en dépouillant la robe noire ou rouge dont elle, espiègle et rieuse, avait, un jour, coupé la fourrure blanche mélangée de noir. Elle ne jeta qu'un regard sur le confesseur de sa mère, homme rigide et fanatique, chargé de l'initier aux mystères d'une religion terrible. Là elle se souvint d'avoir commencé à trembler. Ce vieux prêtre insensible, secouant les chaînes de l'enfer, ne lui parlant que des vengeances célestes, lui persuadant qu'elle était toujours en présence de Dieu, la rendait faible et craintive. Elle devenait timide, recueillie, n'osait lever les yeux, et n'avait plus que du respect pour sa mère, qui jusqu'alors avait partagé ses folâtreries. De ce moment une religieuse terreur s'emparait de son jeune cœur quand elle voyait cette mère bien aimée arrêtant sur elle ses yeux bleus avec une apparence de colère.

Elle revit tout à coup la seconde époque de son enfance pendant laquelle elle ne comprenait rien aux choses de la vie; et redit encore adieu à ces jours où travailler avec sa mère dans un petit salon de tapisserie, prier dans une grande église, chanter une romance en s'accompagnant du rebec, lire en cachette un livre de chevalerie, déchirer une fleur par curiosité, attendre les présens que son père lui faisait à la fête du bienheureux saint Jean, et chercher le sens des paroles qu'on n'achevait pas devant elle, étaient des sources intarissables de bonheur...

Mais aussitôt elle effaça par une pensée, comme on efface un mot crayonné sur un album, les enfantines joies que, pendant un moment, et entre deux souffrances, son imagination rapide venait de lui choisir parmi tous les tableaux que les seize premières années de sa vie pouvaient lui offrir. Et la grâce de cet océan limpide fut bientôt éclipsée par l'éclat d'un plus frais souvenir; car la joyeuse paix de son enfant lui apportait moins de douceur qu'un seul des troubles semés dans les deux dernières années de sa vie, années riches en trésors ensevelis pour toujours dans son cœur...

La comtesse se retrouva soudain à cette ravissante matinée où, précisément au coin du grand parloir en bois de chêne sculpté qui servait de salle à manger, elle vit son beau cousin pour la première fois. La famille de sa mère, redoutant les troubles de Paris, envoyait à Rouen ce jeune courtisan, dans l'espérance qu'il s'y formerait aux devoirs de la magistrature auprès de son grand-oncle, dont un jour la charge de président pouvait lui être résignée.

La comtesse sourit involontairement en songeant à la vivacité avec laquelle elle s'était retirée en reconnaissant dans le parloir ce parent attendu qu'elle ne connaissait pas ; mais malgré sa promptitude à ouvrir et fermer la porte, son coup d'œil avait été si pénétrant qu'en ce moment encore il lui semblait le voir devant elle.

Elle avait, à la dérobée, admiré le goût et le luxe répandu sur des vêtemens faits à Paris ; mais aujourd'hui, plus hardie dans son souvenir qu'en cette innocente et furtive entrevue, elle caressait le manteau de velours violet brodé d'or et doublé de satin, les dentelles noires dont les bottines étaient garnies, les jolis losanges crevés du pourpoint et du haut-de-chausse, la blanche collerette empesée, et surtout une figure jeune, caractérisée par deux petites moustaches relevées en pointe, et par une royale qui, sous le menton, ressemblait à une des queues d'hermine répandues sur l'épitoge de son père.

Au milieu du silence et de la nuit, les yeux

attachés sur les courtines de moire qu'elle ne voyait plus, oubliant et son mari et l'orage, la comtesse osa se rappeler comment, après bien des jours, qui furent comme des années, le jardin entouré de vieux murs noirs et le noir hôtel de son père lui semblèrent lumineux : elle aimait, elle était aimée !... puis, comment, craignant les regards sévères de sa mère, elle s'était glissée un matin dans le cabinet de son père, pour lui faire ses jeunes confidences, après s'être assise sur lui et s'être permis des espiègleries qui avaient attiré le sourire aux lèvres de l'éloquent magistrat, sourire qu'elle attendait pour lui dire :

— Me gronderez-vous, si... ?

Elle croyait entendre encore son père, lui disant, après un interrogatoire où, pour la première fois, elle parlait de son amour : — Eh bien ! mon enfant, nous verrons. S'il étudie bien, s'il veut me succéder, s'il continue à te plaire.... je me mettrai dans ta conspiration de bonheur...

Et alors, n'écoutant plus rien, elle avait baisé son père, renversé les paperasses, pour courir au grand tilleul, où tous les matins, avant le lever de la redoutable mère, elle rencontrait son cousin George de Chaverny !

Lui promettant de dévorer les lois et les coutumes, le courtisan quittait les riches ajustemens de la noblesse d'épée pour prendre le sévère costume des magistrats.

— Je t'aime bien mieux vêtu de noir, lui disait-elle.

Elle mentait; mais ce mensonge avait rendu son bien-aimé moins triste d'avoir jeté la dague. Enfin les ruses employées pour tromper cette mère, dont la sévérité semblait grande, lui apportèrent les joies fécondes d'un amour innocent, permis et partagé...

Revivant, comme en songe, dans ces délicieuses journées où elle s'accusait d'avoir eu trop de bonheur, et d'autant plus qu'elle le sentait tout entier, elle se complut à revoir encore cette jeune figure aux regards enflammés, et cette bouche vermeille, qui lui parlait si bien d'amour. Elle avait aimé Chaverny, parce qu'il était pauvre; et, en récompense, que de trésors elle avait découverts dans cette âme modeste et douce !...

Mais tout à coup meurt le président. Chaverny ne lui succède pas. La guerre civile survient flamboyante. Par les soins de leur cousin, elle et sa mère trouvent un asile secret dans une petite ville de la Basse-Normandie. Bientôt les morts successives de quelques parens la rendent une des plus riches héritières de France, et avec la médiocrité de fortune s'enfuit le bonheur. Alors la sauvage et terrible figure du comte d'Hérouville, demandant sa main et l'obtenant à force de terreur, lui apparaît comme la nuit qui étend un crêpe sur les richesses du soleil. La pauvre comtesse s'efforce de chasser le souvenir de toutes les scènes de désespoir et de larmes amenées par sa longue résistance; mais elle voit confusément l'incendie de la petite ville, et Chaverny emprisonné. Puis elle arrive à cette épouvantable soirée où sa mère, pâle, mourante, se prosterne à ses pieds. Elle cède; il est nuit; le comte, revenu sanglant du combat, se trouve là. Elle appartient au malheur. A peine peut-elle dire adieu à son beau cousin :

— Chaverny, si tu m'aimes, ne me revois jamais !...

Elle entend le bruit lointain des pas de son noble ami. Elle garde au fond du cœur son dernier regard qu'elle voit si souvent en songe. Puis, la jeune fille est comme un chat enfermé dans la cage du lion, craignant à chaque heure les griffes puissantes du maître, toujours levées sur elle. La *comtesse* se fait un crime de se vêtir à certains jours de la robe que portait la *jeune fille* au moment où, pour la première fois, elle vit son amant. Aujourd'hui, pour être heureuse, elle doit oublier le passé et ne plus songer à l'avenir.

— Je ne me crois pas coupable, se dit-elle; mais si je le parais aux yeux du comte... il est si jaloux! La sainte Vierge n'a-t-elle pas...?

Elle s'arrêta; et, pendant ce moment d'irréflexion, sa naïveté lui fit attribuer aux adieux de son amant le pouvoir de la visitation de l'ange; mais cette supposition, digne du temps d'innocence auquel sa rêverie l'avait si imprudemment reportée, s'évanouit devant le souvenir d'une scène plus odieuse que la mort. La pauvre comtesse ne pouvait plus conserver de doute sur la légitimité de l'enfant qui s'agitait dans son sein, car la première nuit des noces lui apparut dans toute son horreur, traînant à sa suite bien d'autres nuits, et de bien tristes jours!...

— Ah! s'écria-t-elle, pauvre Chaverny!.....

Alors elle pleura. Puis, se cramponnant à

son chevet, elle tourna les yeux sur son mari, comme pour se persuader encore une fois que cette figure lui promettait une clémence si chèrement achetée...

Elle jeta un cri perçant.

Le comte était éveillé. Ses deux yeux gris, aussi clairs que ceux d'un tigre, brillaient sous les touffes brunes de ses sourcils, et lançaient un regard accusateur. Depuis un moment sans doute il contemplait sa femme.

La comtesse, épouvantée d'avoir rencontré ce terrible regard, se glissa sous la courte-pointe et resta sans mouvement.

II.

LE REBOUTEUR.

— Pourquoi pleurez-vous?... demanda le comte en tirant vivement le drap sous lequel sa femme s'était ensevelie.

Cette voix, toujours effrayante pour elle, eut en ce moment une douceur factice qui lui sembla de bon augure.

— Je souffre beaucoup, répondit-elle.

— Eh bien! ma mignonne, est-ce un crime que de souffrir? Pourquoi vous cacher quand je vous regarde? Hélas! que faut-il donc faire pour être aimé?

Il soupira, et toutes les rides de son front s'amassèrent entre ses deux sourcils.

— Je vous cause toujours de l'effroi, je le vois bien!...

La comtesse se permit d'interrompre son mari en jetant quelques gémissemens, et, conseillée par l'instinct des caractères faibles et timides, elle s'écria tout à coup :

— Je crains de faire une fausse couche! J'ai couru sur les rochers toute la soirée, et je me serai sans doute trop fatiguée.....

Elle trembla violemment en prononçant ces paroles, tant son mari la regardait fixement; car, prenant la peur qu'il inspirait à cette naïve créature pour l'expression d'un remords, il répliqua:

— Mais c'est peut-être un accouchement véritable qui commence....

— Eh bien?... dit-elle...

— Eh bien! dans tous les cas, il faut ici quelqu'un d'habile, et je vais le chercher...

L'air sombre dont ces paroles furent accompagnées, glaça la comtesse. Elle retomba sur le lit en poussant un cri, arraché plutôt par une affreuse vision de sa destinée que par les angoisses de la crise prochaine.

Ce gémissement acheva de prouver au comte la vraisemblance de tous les soupçons qui se réveillaient dans son esprit. Une rage concentrée lui brisa le cœur ; mais, affectant un calme que les accens de sa voix, ses gestes, ses regards démentaient, il se leva précipitamment ; puis, s'enveloppant à la hâte d'une robe en velours noir qu'il trouva sur un fauteuil, il alla fermer soigneusement une porte située auprès de la cheminée, et par laquelle on pouvait passer de la chambre de parade dans les appartemens de réception qui communiquaient à l'escalier d'honneur.

En voyant le soin avec lequel son mari gardait cette clef, la comtesse eut le pressentiment d'un malheur. Epiant ses mouvemens avec une indéfinissable anxiété, elle l'entendit ouvrir la porte opposée à celle qu'il venait de fermer, et se rendre dans une autre pièce où couchaient les comtes d'Hérouville quand ils n'honoraient pas leurs femmes de leur noble compagnie. Mais la comtesse ne connaissait que par ouï-dire la destination de cette chambre, car depuis son mariage quelques expéditions militaires avaient pu seules obliger le comte à quitter le lit d'honneur; et l'on doit croire que, pendant ses absences forcées, il laissait plus d'un argus au château.

Alors la comtesse resta dans un profond silence; et, malgré l'attention avec laquelle elle s'efforçait d'écouter le moindre bruit, elle n'entendit plus rien qui pût lui révéler les intentions de son mari. Le comte était arrivé dans une longue galerie aboutissant à sa chambre, et qui occupait toute l'aile occidentale du château. Le cardinal d'Hérouville, son grand-oncle, amateur passionné d'imprimerie, y avait amassé une bibliothéque aussi curieuse par le nombre que par la beauté des volumes; et, la prudence lui avait fait pratiquer dans les murs une de ces inventions merveilleuses, conseillée par la solitude ou la peur monastique.

Une chaîne d'argent soigneusement cachée mettait en mouvement, au moyen de fils invisibles, une sonnette placée au chevet du lit d'un serviteur fidèle.

Le comte, voulant agir avec le plus grand secret, entra à tâtons, saisit la chaîne et la tira doucement. Un vieil écuyer de garde ne tarda pas à faire retentir du bruit de ses bottes et de ses éperons les dalles sonores d'une vis en colimaçon, contenue dans la haute tourelle qui flanquait, du côté de la mer, l'angle occidental du château. En entendant monter le compagnon de ses périls, le comte alla dérouiller les puissans ressorts de fer et les verroux qui défendaient la porte secrète par laquelle la galerie communiquait avec la tourelle. Puis il introduisit dans ce sanctuaire de la science un homme d'armes dont l'encolure annonçait un serviteur digne du maître.

L'écuyer, à peine éveillé, semblait avoir marché par instinct. La lanterne de corne qu'il tenait à la main éclaira si faiblement la longue galerie, que son maître et lui se dessinèrent dans l'obscurité comme deux fantômes.

— Selle mon cheval de bataille à l'instant même, et prépare-toi à m'accompagner.... dit le comte d'un son de voix profond qui réveilla toute l'intelligence du serviteur.

Ce dernier, levant les yeux sur son maître, rencontra un regard si perçant, qu'il en reçut comme une secousse électrique.

— Bertrand, ajouta le comte en posant la

main droite sur le bras de l'écuyer, il faut quitter ta cuirasse et prendre les habits d'un capitaine de miquelets.

— Vive Dieu ! monseigneur, me déguiser en ligueur !... Excusez-moi, je vous obéirai : mais j'aimerais autant être pendu !....

Le comte sourit comme un homme dont on caresse la chimère favorite ; mais, pour effacer ce rire qui constrastait avec l'expression sinistre répandue sur son visage, il répondit brusquement :

— Ah ça, choisis dans l'écurie un cheval assez vigoureux pour que tu puisses me suivre. Nous irons comme des balles au sortir de l'arquebuse. Quand je serai prêt, sois-le. Je sonnerai de nouveau.

Bertrand s'inclina en silence, et partit. Quand il eut descendu quelques marches, il se dit à lui-même, en entendant siffler l'ouragan :

— Tous les démons sont dehors, jarnidieu !... et ça m'aurait étonné de voir celui-ci rester tranquille. C'est par une tempête semblable que nous avons surpris Saint-Lô !...

Le comte trouva dans sa chambre un costume favorable à son projet, et qui lui servait souvent pour ses stratagèmes. Il s'habilla à la hâte avec une mauvaise casaque qui avait l'air d'appartenir à l'un de ces pauvres reîtres dont Henri IV payait si rarement la solde, et revint promptement dans la chambre où gémissait sa femme.

— Tâchez de souffrir patiemment, lui dit-il. Je crèverai, s'il le faut, mon cheval, afin de revenir plus vite pour apaiser vos douleurs.

Malgré les sons rauques de la voix de son mari, ces paroles n'annonçant rien de funeste, la comtesse, enhardie, se préparait à faire une question, lorsque le comte lui demanda tout à coup :

— Ne pourriez-vous pas m'indiquer où vous mettez vos masques?

— Mes masques!... répondit-elle. Bon Dieu! qu'en voulez-vous faire?...

— Où sont vos masques? répéta-t-il avec sa violence ordinaire.

— Dans le bahut, dit-elle.

La comtesse ne put s'empêcher de frémir en voyant son mari s'emparer de tous ses masques, et s'occuper, avec une attention minutieuse, à déguiser son visage à l'aide d'un *tour et de nez*, dont l'usage était aussi naturel aux dames de cette époque que l'est celui des gants aux femmes d'aujourd'hui.

Le comte devint entièrement méconnaissable quand il eut mis sur sa tête un mauvais chapeau de feutre gris, orné d'une vieille plume de coq toute cassée. Il serra autour de ses reins un large ceinturon de cuir, dans la gaîne duquel il passa une longue dague qu'il ne portait pas habituellement.

En ce moment, il s'avança vers le lit par un mouvement si étrange, et ses misérables vêtemens lui donnèrent un aspect si effrayant, que la comtesse crut sa dernière heure arrivée.

— Ah! ne nous tuez pas!... s'écria-t-elle. Laissez-moi mon enfant, et je vous aimerai!...

— Vous vous sentez donc bien coupable pour m'offrir, comme une rançon, l'amour que vous me devez?...

Ces paroles amères furent accompagnées d'un regard flamboyant, et la voix du comte eut un son lugubre sous le velours. La comtesse, anéantie, s'écria douloureusement:

— Mon Dieu, l'innocence serait-elle donc funeste!...

— Il ne s'agit pas de votre mort, lui répondit son maître en sortant de la rêverie où il était tombé, mais de faire exactement, et pour l'amour de moi, ce que je réclame en ce moment de vous.

Il jeta sur le lit un des deux masques qu'il tenait, et sourit de pitié en voyant le geste de frayeur involontaire arraché à sa femme par la chute du velours noir.

— Ayez ce masque sur votre visage lorsque je serai de retour, ajouta-t-il : je ne veux pas qu'un homme, même un croquant, puisse se vanter d'avoir vu la comtesse d'Hérouville!....

— Pourquoi un homme?... demanda-t-elle à voix basse.

— Oh! oh! ma mie, ne suis-je pas le maître ici? répondit le comte.

— Qu'importe un mystère de plus?... dit la comtesse au désespoir. Le maître ayant disparu, son exclamation fut sans danger pour elle.

Par un des courts momens de calme qui séparaient les accès de la tempête, la comtesse entendit le pas de deux chevaux qui semblaient voler à travers les dunes périlleuses et les rochers sur lesquels ce vieux château était assis ; mais ce bruit fut étouffé par la voix des flots, et bientôt elle se trouva prisonnière dans ce sombre appartement, seule au milieu d'une nuit tour à tour silencieuse ou menaçante, et sans secours pour conjurer le malheur qu'elle voyait s'avancer à grands pas, comme le dénoûment des angoisses de son premier enfantement.

Pensant qu'elle devait peut-être la vie à l'innocente finesse par laquelle elle avait fait appréhender une fausse couche à son mari, la comtesse chercha une nouvelle ruse pour sauver son enfant. Ce petit être, conçu dans les larmes et le désespoir, était devenu toute son existence. Depuis cinq mois, il était sa consolation, le principe de ses idées, l'avenir de ses affections, sa seule et frêle espérance.

Elle se leva, soutenue par un maternel courage; et, allant prendre le petit cor de cuivre dont se servait son mari pour faire venir ses gens, elle ouvrit une fenêtre, et tira du cuivre quelques accens faibles et grêles qui se perdirent sur la vaste étendue des eaux comme une bulle lancée dans les airs par un enfant. Alors elle pleura en comprenant l'inutilité de cette plainte ignorée des hommes. Marchant à travers les appartemens, elle espéra que toutes les issues n'en seraient pas fermées. Parvenue à la bibliothèque, elle chercha s'il n'y existerait pas quelque passage secret; mais ce fut en vain. S'élançant au bout de la longue galerie des livres, elle atteignit la fenêtre la plus rapprochée de la cour d'honneur du château, et là, faisant de nouveau retentir les échos en sonnant du cor, elle lutta sans succès avec la voix puissante de l'ouragan.

Presque morte et découragée, elle pensait à se confier à l'une des duègnes dont son mari l'avait entourée, lorsqu'en passant dans son oratoire elle vit que la porte conduisant aux appartemens de ses femmes était fermée. La comtesse eut à peine le temps de regagner son lit. A mesure qu'elle perdait tout espoir, les douleurs venaient l'assaillir, et alors elle en sentit bien plus vivement le poids; car son découragement, accru de tous les efforts tentés pour sauver son enfant, lui avait enlevé ses dernières forces. Elle ressemblait au naufragé qui, fatigué, succombe, emporté par une lame moins furieuse que toutes les autres.

Bientôt les souffrances ne permirent plus à la comtesse de compter les heures. Au moment où elle se crut sur le point d'accoucher seule, sans secours, et qu'à toutes ses terreurs se joignait la crainte des accidens auxquels son inexpérience l'exposait, le comte arriva soudain sans qu'elle l'eût entendu venir. Il se trouva là comme un démon réclamant, à l'expiration d'un pacte, l'âme qui lui a été vendue. Il gronda sourdement en voyant le visage de sa femme découvert; mais, après l'avoir assez adroitement masquée, il l'emporta dans ses bras nerveux, et la déposa sur le lit de sa chambre.

L'effroi que cette apparition et cet enlèvement inspirèrent à la comtesse fit taire un moment la nature, et alors la malheureuse mère put jeter un regard furtif sur les acteurs de cette scène mystérieuse.

Bertrand, qu'elle ne reconnut pas (car il était masqué aussi soigneusement que son maître), avait allumé à la hâte quelques bougies, dont la clarté se mêlait aux premiers rayons du soleil, qui commençait à rougir les vitraux des fenêtres. Ce serviteur étonné paraissait, en restant dans la même position, obéir à un ordre supérieur. Il était appuyé sur l'angle d'une embrasure de fenêtre; et, le visage tourné vers le mur, dont il semblait mesurer l'épaisseur formidable, il se tenait dans une immobilité si complète que vous eussiez dit une statue de chevalier.

Au milieu de la chambre, la comtesse aperçut un petit homme très-gras et tout pantois, dont les yeux étaient bandés. La terreur peinte sur sa figure rondelette en bouleversait tellement les traits qu'il était impossible d'en deviner l'expression habituelle, et il gardait, comme les mannequins des peintres, une posture si stupide, qu'on pouvait le comparer à un enfant auquel ses camarades ont malicieusement crié *casse-cou* de tous côtés.

— Par la mort-dieu! monsieur le rebouteur, lui dit le comte en lui rendant la vue par un mouvement brusque qui fit tomber autour du cou de l'inconnu le bandeau qu'il avait sur les yeux, ne t'avise pas de regarder autre chose que la misérable sur laquelle tu vas exercer ta science; ou sinon je te jette dans la rivière qui coule sous ces fenêtres, après t'avoir mis au chef un diamant de cent livres!

Et il tira légèrement sur la poitrine de son auditeur stupéfait la cravate qui avait servi de bandeau.

— Examine d'abord si ce n'est qu'une fausse

couche, et, dans ce cas, ta vie me répondrait de la sienne... Mais si l'enfant est vivant, tu me l'apporteras !

Après cette allocution, le comte saisit par le milieu du corps le pauvre rebouteur, l'enleva comme une plume de la place où il était, et le posa devant la comtesse. Puis, il alla se placer au fond de l'embrasure de la croisée, où il demeura immobile comme Bertrand. Seulement, jouant du tambour avec ses doigts sur le vitrage, ses yeux se portèrent alternativement sur son serviteur, sur le lit, sur l'océan, mais plus fréquemment peut-être sur le lit et l'océan ; et ses sinistres regards semblaient promettre à l'enfant attendu la mer pour berceau.

Le nom de *rebouteur* appartenait, à cette époque, comme un titre d'honneur, à quelques-uns de ces hommes rares en France, qui, soit par sortilége, ou grâce à une longue pratique, *reboutaient*, c'est-à-dire remettaient les jambes et les bras cassés, guérissaient bêtes et gens de certaines maladies, et s'accommodaient merveilleusement aux volontés des dames et des seigneurs qui ne les payaient toujours. Le pauvre rebouteur, que le comte et Bertrand venaient d'arracher par une violence inouïe au plus doux sommeil qui eût jamais clos paupière d'homme, pour l'attacher en croupe sur un cheval qui semblait avoir l'enfer à sa suite, était célèbre principalement par son habileté dans les accouchemens, avortemens et fausses couches.

Son caractère, naturellement malicieux et gai, s'était admirablement bien accommodé de la joie et des repas qui couronnaient presque toujours ses opérations. Il luttait avec la corporation formidable des sages-femmes ; mais sa discrétion bien connue lui avait valu, de quarante lieues à la ronde, la clientelle de la haute noblesse, qui, dans ces temps de désordres, était souvent obligée d'initier à des secrets honteux ou terribles maître Antoine Beauvouloir. L'habitude d'être partout l'homme le plus important avait ajouté à son imperturbable gaîté une dose de vanité grave. Ses impertinences étaient presque toujours bien reçues dans les momens de crise, où il se plaisait à opérer avec une certaine lenteur magistrale. De plus, il était curieux comme un rossignol ; à ces deux défauts près, développés en lui par les aventures multipliées où le jetait sa profession, c'était le meilleur homme de Normandie.

En se trouvant placé par le comte devant une femme en mal d'enfant, maître Beauvouloir recouvra toute sa présence d'esprit. Il se mit à tâter le pouls de la dame masquée, sans penser aucunement à elle. C'était un maintien doctoral, à l'aide duquel il réfléchissait sur sa propre situation. Dans aucune des intrigues, soit honteuses, soit criminelles, où la force l'avait contraint d'agir en instrument aveugle, jamais les précautions n'avaient été gardées avec autant de prudence que dans celle-ci. Il pouvait souvent avoir compris que sa mort était mise en délibération, comme un moyen d'assurer le secret de l'entreprise à laquelle il participait malgré lui; mais sa vie n'avait jamais été tant compromise qu'en ce moment. Il résolut, avant tout, de reconnaître ceux dont il était le complice, et de s'enquérir ainsi de l'étendue de son danger, afin de pouvoir sauver sa chère personne.

— De quoi s'agit-il?..... demanda le rebouteur à voix basse, en disposant la comtesse à recevoir les secours de sa vieille expérience.

— Ne lui donnez pas l'enfant...

— Parlez tout haut..... s'écria le comte d'une voix tonnante, qui empêcha maître Beauvouloir d'entendre le dernier mot prononcé par la victime. — Ou sinon, ajouta le seigneur qui déguisait soigneusement sa voix, dis ton *In manus*.

— Plaignez-vous à haute voix, dit le rebouteur à la dame; criez, jarni-dieu! car cet homme a des pierreries qui ne vous iraient pas mieux qu'à moi!... Du courage, ma petite dame!...

— Aie la main légère!... cria de nouveau le comte.

— Monsieur est jaloux?... répondit le frater d'une petite voix aigre. Mais les cris de la comtesse couvrirent sa voix.

Aussi heureusement pour la sûreté que pour la renommée de maître Beauvouloir, la nature se montra clémente. C'était plutôt un avortement qu'un accouchement, tant l'enfant qui apparut était chétif, débile et sans consistance. Grâce à sa rare petitesse, le nouveau-né n'avait dû causer à sa mère aucune douleur aiguë.

— Par le ventre de la sainte Vierge!... s'écria le curieux rebouteur, ce n'est pas une fausse couche!...

A ces mots le comte fit trembler le plancher, tant il le frappa violemment du pied; tandis que la comtesse pinça maître Beauvouloir.

— Ah! ah! j'y suis! se dit-il à lui-même.

— Ce devait donc être une fausse couche?... demanda-t-il à l'oreille de la dame masquée, qui lui répondit par un geste affirmatif, comme si ce geste était le seul langage qui pût exprimer ses pensées.

— Tout cela n'est pas encore bien clair! pensa le rebouteur.

Comme tous ceux qui exercent son art avec habileté, le frater savait reconnaître assez facilement si une femme en était, disait-il, *à son premier malheur*.

Quoique la pudique inexpérience de certains gestes lui révélât la virginité de la comtesse en ce genre, le malicieux rebouteur s'écria :

— Madame accouche comme si elle n'avait jamais fait que cela!...

Un sourd grognement de rage sortit du gosier du comte; il trépigna d'une manière convulsive, et dit :

— A moi l'enfant!

— Ne le lui donnez pas, au nom de Dieu!... s'écria la mère.

Ce cri presque sauvage réveilla dans le cœur du frater une courageuse bonté, qui lui fit épouser la cause de la comtesse.

— L'enfant n'est pas encore venu! *Vous vous battez de la chape à l'évêque!*... répondit-il froidement au comte, en cachant le pauvre avorton.

Mais étonné de ne pas entendre de cris, il regarda l'enfant, croyant déjà qu'il était mort.

Alors le comte s'aperçut de la supercherie du rebouteur, et sautant sur lui d'un seul bond :

— Tête-dieu pleine de reliques!... me le donneras-tu!... s'écria-t-il en rugissant de rage et lui arrachant des mains l'innocente victime, qui alors jeta de faibles cris.

— Prenez garde; il est tout contrefait! dit maître Beauvouloir en s'accrochant au bras du comte! Il est chétif; c'est un enfant venu sans doute à sept mois!...

Puis, avec une force supérieure qui lui était

donnée par une sorte d'exaltation, il arrêta les doigts du père en lui disant à l'oreille, d'une voix entrecoupée :

— Épargnez-vous un crime : il ne vivra pas !...

— Scélérat ! s'écria vivement le comte, des mains duquel le rebouteur épouvanté avait arraché l'enfant. Qui te dit que je veuille sa mort?... ne vois-tu pas que je le caresse?...

— Attendez alors qu'il ait dix-huit ans pour le caresser ainsi !... répondit Beauvouloir retrouvant toute son importance.

— Mais, ajouta-t-il, en pensant à sa propre sûreté (car il venait de reconnaître le comte qui, dans son emportement, avait oublié de déguiser sa voix), baptisez-le promptement, et ne parlez pas de mon arrêt à la mère; autrement vous la tueriez.

Cette phrase adroite lui était suggérée par la joie secrète que le comte avait trahie en laissant échapper un geste promptement réprimé, au moment où le frater lui prophétisa la mort de l'avorton.

Le rebouteur, dont les paroles venaient de sauver l'enfant, s'était empressé de le rapporter près de la mère. Il la trouva évanouie. Elle avait tout entendu, car il n'est pas rare de voir, dans les grandes crises, les organes de l'homme contracter une délicatesse inouïe.

Maître Beauvouloir montra au comte, par un geste ironique, l'état dans lequel leur débat avait mis l'accouchée. Cependant les cris de l'enfant qu'il posa sur le lit rendirent, comme par magie, la vie à la comtesse.

La pauvre dame crut entendre la voix de deux anges, quand, à la faveur des vagissemens du nouveau-né, le rebouteur lui dit à voix basse, en se penchant à son oreille :

— Ayez-en bien soin, il vivra cent ans !.... Beauvouloir s'y connaît !

Un soupir céleste, un mystérieux serrement de main furent la récompense du rebouteur, qui cherchait à s'assurer, avant de livrer aux embrassemens de la mère impatiente cette frêle créature dont la peau portait encore l'empreinte des doigts du comte, si la caresse paternelle n'avait rien dérangé dans sa chétive organisation.

Le mouvement de folie par lequel la mère cacha son fils auprès d'elle, et le regard menaçant qu'elle jeta sur le comte par les deux trous du masque, firent frissonner le frater.

— Elle mourrait, si elle perdait trop promptement son enfant! dit-il au comte vers lequel il s'élança.

Pendant cette dernière partie de la scène, le sire d'Hérouville semblait être devenu plus farouche. Il n'avait rien vu ni rien entendu. Restant immobile et comme absorbé dans une profonde méditation, il avait recommencé à battre du tambour avec ses doigts sur les vitraux; mais après la dernière phrase que lui dit le rebouteur, il se retourna vers lui par un mouvement d'une violence frénétique, tira sa dague, et s'écria :

— Misérable *manant!*...

Ce mot était un sobriquet outrageant donné par les royalistes aux ligueurs.

—Impudent coquin! La science, qui te vaut l'honneur d'être le complice des gentilshommes pressés d'ouvrir ou de fermer des successions, me retient à peine de priver à jamais la Normandie de son sorcier, en l'élevant triomphalement à six pieds de terre!...

Puis, au grand contentement de Beauvouloir, le comte repoussa violemment sa dague dans le fourreau.

— Ne saurais-tu, continua-t-il d'une voix tonnante, te trouver une fois en ta vie dans l'honorable compagnie d'un seigneur et de sa dame, sans les soupçonner de ces méchans calculs que tu laisses faire à la canaille, sans songer qu'elle n'y est pas autorisée, comme les gentilshommes, par des motifs plausibles? Puis-je avoir, dans cette occurrence, des raisons d'état pour agir comme tu le supposes?... Tuer mon fils!... l'enlever à sa mère!... Où as-tu pris ces billevesées? Suis-je fou? Pourquoi nous effraies-tu sur les jours de ce vigoureux enfant?... Bélître, comprends donc que je me suis défié de ta pauvre vanité. Si tu avais su le nom de la dame que tu as accouchée, tu te serais vanté de l'avoir vue! Pâque-Dieu!... Tu aurais peut-être tué, par trop de précaution, la mère ou l'enfant. Mais, songes-y bien, ta misérable vie me répond des leurs!

Le rebouteur fut stupéfait du changement subit qui s'opérait dans les intentions du comte. Cet accès de tendresse pour l'avorton l'effrayait encore plus que l'impatiente cruauté et la morne indifférence qu'il avait manifestées d'abord; car l'accent qu'il mit en prononçant sa dernière phrase décelait une combinaison plus savante pour arriver à l'accomplissement d'un dessein immuable.

Maître Beauvouloir se promit alors intérieurement de décamper du pays, s'il avait le bonheur de se retirer sain et sauf de ce mauvais pas. Puis, s'expliquant un dénoûment aussi imprévu par la double promesse qu'il avait faite à la mère et au père :

— J'y suis ! se dit-il. Ce bon seigneur ne veut pas se rendre odieux à sa femme, et s'en remettra sur la providence de l'apothicaire; alors il faut que je tâche de prévenir la dame de veiller sur son noble marmot !...

Au moment où il se dirigeait vers le lit, le comte, qui s'était approché d'une armoire à plusieurs tiroirs, l'arrêta par une puissante interjection; et, au geste que fit le seigneur en lui tendant une bourse, le rebouteur se mit en devoir de recueillir, non sans une joie inquiète, l'or qui brillait à travers un réseau de soie rouge.

Le comte, le lui jetant avec dédaim, dit avec ironie :

— Si tu m'as fait raisonner comme un

vilain, je ne me crois pas dispensé de te payer en seigneur. Je ne te demande pas la discrétion!... L'homme que voici — le comte montra Bertrand — a dû te dire que, partout où il y a des chênes et des rivières, mes diamans et mes colliers savent trouver les *manans* qui parlent de moi!...

En achevant ces paroles de clémence, le géant s'avança lentement vers le rebouteur interdit, lui approcha un siége, et parut l'inviter à s'asseoir comme lui, près de l'accouchée.

— Eh bien! ma mignonne, nous avons enfin un fils!... reprit-il. C'est bien de la joie pour nous. Souffrez-vous beaucoup?...

— Non, dit en murmurant la comtesse.

L'étonnement de la mère et sa gêne, les démonstrations de la joie factice et tardive du père, convainquirent maître Beauvouloir qu'un incident grave échappait à sa pénétration habituelle. Le frater, persistant dans ses soupçons, appliqua sa main sur celle de la jeune femme, sous prétexte de s'assurer de son état.

— La peau est bonne... dit-il. Nul accident

fâcheux n'est à craindre pour madame. La fièvre de lait viendra sans doute; ne vous en épouvantez pas... ce ne sera rien.

Mais là, le rusé rebouteur s'arrêtant, serra la main de la comtesse, par un mouvement d'une rare intelligence.

— Si vous ne voulez pas avoir d'inquiétude sur votre enfant, madame, reprit-il, il ne faut pas le quitter. Laissez-le long-temps boire le lait que ses petites lèvres cherchent déjà, et gardez-vous bien des drogues de l'apothicaire. Le sein est le remède à toutes les maladies des enfans. J'ai beaucoup vu d'accouchemens à sept mois, mais j'ai rarement vu de délivrance aussi peu douloureuse que la vôtre. Ce n'est pas étonnant: l'enfant est si maigre!... Il tiendrait dans un sabot!... et je suis sûr qu'il ne pèse pas quinze onces. Du lait, du lait! S'il reste toujours sur votre sein, vous le sauverez.

Ces dernières paroles furent accompagnées d'un nouveau mouvement imperceptible des doigts du rebouteur qui pressa le bras de la comtesse; et malgré les deux jets de flammes que dardaient les yeux du comte par les trous de son masque, Beauvouloir débita ses périodes avec le sérieux imperturbable d'un homme qui voulait gagner son argent.

— Oh! oh! rebouteur, tu oublies ton vieux feutre noir?... lui dit Bertrand au moment où le frater sortait avec lui de la chambre.

III.

L'AMOUR PATERNEL.

Les motifs de la clémence du comte envers son fils étaient puisés dans un *et cœtera* de notaire. En effet, au moment où le rebouteur lui arrêta les mains, l'Avarice et la Coutume de Normandie s'étaient tout à coup dressées devant lui. Par un signe, ces deux puissances lui engourdirent les doigts, et imposèrent silence à ses passions haineuses.

L'une lui cria : — Les biens de ta femme ne

peuvent appartenir à la maison d'Hérouville, que si un enfant mâle les y transporte.

L'autre lui montra la comtesse mourante, et les biens réclamés par la branche collatérale des Saint-Savin.

Toutes deux lui conseillèrent de laisser à la nature le soin d'emporter l'avorton, et d'attendre la naissance d'un second fils, qui fût sain et vigoureux, pour aider la nature et pouvoir mépriser la vie de sa femme.

Alors il ne vit plus un enfant, il vit des domaines.

Sa tendresse subite était forte comme son ambition : il aurait voulu, dans son désir de satisfaire à la loi, que ce fils mort-né eût les apparences d'une robuste constitution.

Connaissant mieux le caractère du comte, la mère, encore plus surprise que le rebouteur, conserva une crainte instinctive qu'elle manifestait parfois avec hardiesse; mais son enfant lui avait donné de la force et fait un courage.

Pendant quelques jours, le comte resta très-assidûment auprès de sa femme, et lui prodigua des soins auxquels l'intérêt imprimait une sorte de tendresse. Mais, avec l'œil d'une mère, la comtesse s'aperçut promptement qu'elle seule était l'objet de toutes ces attentions. La haine du père pour son fils était visible. Il s'abstenait toujours de le voir ou de le toucher, se levait brusquement et allait donner des ordres au moment où les cris se faisaient entendre ; enfin, il ne semblait lui pardonner d'exister que dans l'espoir de sa mort. Mais cette dissimulation coûtait encore trop au comte. Le jour où il s'aperçut que l'œil intelligent de la mère devinait, sans le comprendre, le danger qui menaçait son fils, il annonça son départ pour le lendemain de la messe des relevailles, en prétextant la nécessité où il était d'amener au secours du roi toutes les forces dont il pouvait disposer.

Telles furent les circonstances qui accompagnèrent et précédèrent la naissance d'Etienne d'Hérouville. Le comte n'aurait pas eu, pour désirer incessamment la mort de ce fils désavoué, le plus puissant motif de l'avoir déjà voulue ; il aurait même fait taire cette triste disposition que l'homme se sent, de haïr l'être auquel il a nui une première fois ; et il ne se serait pas trouvé dans l'obligation, cruelle pour lui, de feindre de l'amour pour un avorton qui lui était odieux : le pauvre Etienne n'en aurait pas moins été l'objet de son aversion.

La constitution rachitique et maladive de ce petit corps, dont la caresse paternelle avait peut-être aggravé les défauts de conformation, était, aux yeux du comte, une offense toujours flagrante pour son amour-propre de père. S'il avait en exécration les beaux hommes, il ne détestait pas moins les gens débiles, voués aux sciences et aux plaisirs de l'intelligence. Pour lui plaire, il fallait être laid de figure, grand et robuste. L'ignorance des livres et la connaissance de l'art militaire étaient les seules qualités qu'il prisât dans un homme. La rudesse des manières et du langage achevaient d'en faire, à ses yeux, un modèle accompli de virilité.

Etienne devait donc trouver dans son père un ennemi sans générosité. Sa lutte avec ce colosse commençait dès le berceau ; et pour tout secours contre un antagoniste aussi dangereux il n'avait que le cœur de sa timide et jeune mère, dont l'amour pour lui s'accroissait, par une loi touchante de la nature, de tous les périls qui le menaçaient.

Ensevelis tout à coup dans une profonde solitude par le brusque départ du comte, ces deux êtres faibles et timides se comprirent admirablement, s'unirent par une même pensée, et arrivèrent à n'avoir qu'une même existence.

Au moment où, pour la première fois, Etienne distingua les objets, et qu'il put exercer sa vue avec cette stupide avidité naturelle aux enfans, ses regards rencontrèrent les sombres lambris de la chambre d'honneur ; lorsque sa jeune oreille s'efforça de percevoir les sons et d'en saisir les différences, il entendit le bruissement monotone des eaux de la mer qui venaient se briser sur les rochers par un mouvement aussi régulier que celui d'un balancier d'horloge : ainsi, les lieux, les sons, les choses, tout ce qui frappe les sens, prépare l'entendement et forme le caractère, s'accordait à le rendre enclin à la mélancolie.

Dès sa naissance, il devait croire que sa mère était la seule créature qui existât sur terre, voir le monde comme un désert, et s'habituer à ce sentiment de retour sur nous-mêmes qui nous porte à vivre seuls, à chercher en nous les immenses ressources de la pensée. Comme tous les enfans en proie à une souffrance, il gardait presque toujours une attitude passive. La délicatesse de ses organes était si grande qu'un bruit trop soudain ou la compagnie d'une personne tumultueuse lui donnait une sorte de fièvre. Vous eussiez dit un de ces petits insectes pour lesquels Dieu semble modérer la violence du vent et la chaleur du soleil. Aussi, comme eux, incapable de lutter contre le moindre obstacle, il cédait comme eux, sans résistance et sans plainte, à tout ce qui paraissait agressif.

Cette patience angélique inspirait à sa mère un sentiment profond qui l'aidait à supporter les soins minutieux et constans réclamés par une santé si chancelante. Les avis du rebouteur étaient toujours écrits devant elle; et alors, craignant tout pour son enfant, elle assit la Défiance près de son berceau. Bientôt elle trouva des joies célestes dans la triste existence qu'elle croyait déshéritée de bonheur : voir son fils, c'était oublier ses peines. Elle admira la Providence, qui le plaçait, comme une foule de créatures, au sein de la sphère de paix et de silence, la seule où il pût s'élever heureusement et se soustraire à la mort.

Souvent les mains maternelles, pour lui si douces et si prudentes, le transportaient dans la haute région des fenêtres ogives... alors ses yeux bleus, comme ceux de sa mère, semblaient étudier les ondes vertes de l'océan. Ils restaient ainsi tous deux des heures entières à contempler l'infini de cette vaste nappe, tour à tour sombre et brillante. Ces longues et muettes méditations étaient pour Etienne un secret apprentissage de la douleur, car presque toujours les yeux de sa mère se mouillaient de larmes; et, alors, pendant ces pénibles songes de l'âme, les jeunes traits d'Etienne ressemblaient à un léger réseau tiré par un poids trop lourd. Puis, bientôt sa précoce intelligence du malheur lui révélant tout le pouvoir de ses jeux enfantins sur la comtesse, il essayait, en ces instans de tristesse, de la divertir par les mêmes caresses dont elle se servait pour endormir ses souffrances; et jamais ses petites mains lutines, ses demi-mots bégayés, ses rires intelligens, ne manquaient de dissiper les rêveries de sa mère. Alors, s'il était fatigué, une délicatesse instinctive l'empêchait de se plaindre.

— Pauvre chère sensitive!... s'écria la comtesse en le voyant endormi de lassitude après une folâtrerie qui venait de faire enfuir un de ses souvenirs les plus douloureux. Où pourras-tu vivre? Qui te comprendra jamais!..... toi dont l'âme tendre sera blessée par un regard trop sévère, et qui, semblable à ta triste mère, estimeras un sourire chose plus précieuse que tous les biens de la terre?... Ange aimé de ta mère, qui t'aimera dans le monde?... Qui devinera les trésors ensevelis sous ta frêle enveloppe?... Personne... Comme moi, tu seras seul sur terre...

Elle soupira, pleura; mais en voyant la pose gracieuse de son fils qui dormait sur ses genoux, elle sourit avec mélancolie, et le regarda long-temps en silence... heureuse, et goûtant un de ces plaisirs muets, profonds, qui sont un secret entre les mères et Dieu.....

A dix-huit mois, la faiblesse d'Etienne n'avait pas encore permis à la comtesse de le promener au dehors; mais les légères couleurs qui nuançaient le blanc mat de sa peau, comme si le plus pâle des pétales d'un églantier y eût été apporté par le vent, attestaient la vie et la santé. Au moment où elle commençait à croire aux prédictions du rebouteur, et s'applaudissait d'avoir pu, en l'absence du comte, entourer son fils des précautions les plus sévères afin de le préserver de tout danger, les lettres écrites par le secrétaire de son mari lui annoncèrent le prochain retour du maître.

Un matin, la comtesse, livrée à la folle joie qui s'empare de toutes les mères quand elles voient pour la première fois marcher leur premier enfant, jouait avec Etienne à ces jeux aussi indescriptibles que le charme des souvenirs.. Tout à coup elle entendit craquer les planchers sous un pas pesant, et à peine s'était-elle levée par un mouvement de surprise involontaire, qu'elle se trouva devant le comte. Elle jeta un cri d'effroi, mais elle essaya de réparer ce tort involontaire en s'avançant vers le comte et lui tendant son front avec soumission pour y recevoir un baiser.

— Si j'avais été prévenue de votre arrivée...

— La réception, dit le comte en l'interrompant, eût été plus cordiale et moins franche.

Il avisa l'enfant, et l'état de santé dans lequel il le revoyait lui arracha d'abord un geste de surprise empreint de fureur ; mais réprimant soudain sa colère, il se mit à sourire.

— Je vous apporte de bonnes nouvelles... reprit-il. J'ai le gouvernement de Champagne, et la promesse du roi d'être fait duc et pair. Puis, nous avons hérité d'un parent... Ce maudit huguenot de Chaverny est mort.

La comtesse pâlit et tomba sur un fauteuil. Elle devinait le secret de la sinistre joie répandue sur la figure de son mari, et que la vue d'Etienne semblait accroître. C'était le rire d'un démon.

— Monsieur, dit-elle d'une voix émue, vous n'ignorez pas que j'ai long-temps aimé mon cousin de Chaverny. Vous répondrez à Dieu de la douleur que vous me causez...

A ces mots, le regard du comte étincela, et ses lèvres tremblèrent sans qu'il pût proférer une parole, tant il était ému par la rage; mais, enfin, jetant sa dague sur une table avec une telle violence que le fer résonna comme un coup de tonnerre :

— Écoutez-moi !... cria-t-il d'une voix étourdissante, et souvenez-vous de ceci ! Je veux ne jamais entendre ni voir le petit monstre que vous tenez dans vos bras. Il est votre enfant et non le mien... A-t-il un seul de mes traits?... Jour de Dieu! cachez-le bien, ou sinon...

— Juste ciel!... cria la comtesse.

— Silence!... répondit le colosse. Si vous ne voulez pas que je le heurte, faites en sorte qu'il ne se rencontre plus sur mon passage...

— Alors, reprit la comtesse qui se sentit le courage de lutter contre son tyran, jurez-moi de ne point attenter à ses jours, si vous ne le voyez pas... Puis-je compter sur votre parole de gentilhomme?...

— Mais,... reprit le comte.

— Eh bien! monstre, tuez-nous donc,... s'écria-t-elle en se jetant à genoux et serrant son enfant dans ses bras...

— Levez-vous, madame! Je vous engage ma foi de gentilhomme de ne rien entreprendre sur la vie de ce maudit embryon, pourvu qu'il demeure sur les rochers qui bordent la mer au dessous du château; mais malheur à lui, si je le retrouve jamais au delà de ces limites!...

La comtesse se mit à pleurer amèrement.

— Voyez-le donc!... dit-elle. C'est votre fils...

— Madame !...

A ce mot, la comtesse épouvantée emporta son enfant dont le cœur palpitait comme celui d'une fauvette surprise dans son lit par un pâtre.

Mais soit que l'innocence ait un charme auquel les hommes les plus endurcis ne sauraient se soustraire, soit que le comte se reprochât sa violence, ou craignît de plonger dans le désespoir une créature nécessaire à ses plaisirs et à ses desseins, sa voix était redevenue aussi douce qu'elle pouvait l'être, au moment où sa femme revint pâle et presque mourante.

— Jeanne, ma mignonne, lui dit-il, donnez-moi la main, et ne soyez pas rancunière !... On ne sait comment se comporter avec vous. Je vous apporte de nouveaux honneurs, de nouvelles richesses : et, tête-dieu ! vous me recevez comme un *maheustre* dans un parti de *manans!* Mon gouvernement va m'obliger à de longues absences jusqu'à ce que je l'aie échangé pour celui de Normandie; ainsi, ma mignonne, au moins faites-moi bon visage pendant mon séjour ici...

La comtesse comprit le sens de ces paroles;

leur feinte douceur ne pouvait plus la tromper.

— Je connais mes devoirs!... répondit-elle avec un accent de mélancolie que son mari prit d'abord pour de la tendresse.

Il y avait trop de pureté, trop de grandeur chez cette timide créature, pour qu'elle osât essayer, comme certaines femmes adroites, de gouverner le comte en mettant du calcul dans sa conduite ou en prostituant son cœur; elle soupira, s'éloigna en silence, soumise et cachant son désespoir.

— Tête-dieu pleine de reliques! je ne serai donc jamais aimé!... s'écria le comte, en surprenant une larme dans les yeux de sa femme, au moment où elle sortit.

Par une espèce de sortilége, dont toutes les mères ont le secret, et qui avait encore plus de force entre la comtesse et son fils, elle réussit à lui faire comprendre le péril qui le menaçait sans cesse, et lui apprit à redouter l'approche de son père. La scène terrible dont Étienne avait été témoin se grava dans sa mémoire, de manière à produire en lui une maladie. Il finit par pressentir la présence du comte avec tant d'instinct que, si un de ces sourires dont les mères connaissent les signes imperceptibles animait sa figure au moment où ses organes imparfaits, déjà façonnés par la crainte, lui annonçaient la marche lointaine de son père, ses traits se contractaient, et l'oreille de la mère n'était pas plus alerte que le sentiment intérieur du fils. Avec l'âge, cette faculté de terreur grandit si bien qu'Étienne, semblable aux sauvages de l'Amérique, distinguait le pas de son père, savait écouter sa voix éclatante à des distances éloignées, et prédisait sa venue.

Voir le sentiment de terreur que son mari lui inspirait partagé sitôt par son enfant, le rendit encore plus précieux à la comtesse ; et leur union se fortifia si bien, que, comme deux fleurs nées sur la même tige, ils se courbaient sous le même vent, se relevaient par la même espérance. C'était une même vie.

Au départ du comte, Jeanne commençait une seconde grossesse ; et, cette fois, elle accoucha au terme voulu par les préjugés.

Elle mit au monde, non sans des douleurs inouïes, un gros garçon, qui, dix-huit mois après, offrit une si parfaite ressemblance avec son père que la haine du comte pour l'aîné s'en accrut singulièrement. Pour sauver son enfant chéri, la comtesse consentit à tous les projets que son mari forma pour le bonheur et la fortune de leur second fils. Étienne fut destiné à l'état ecclésiastique. Maximilien devait être l'héritier des biens et des titres de la maison d'Hérouville. A ce prix, la pauvre mère assura le repos de son enfant chéri.

Jamais deux frères ne furent plus dissemblables qu'Étienne et Maximilien. Le cadet eut en naissant le goût du bruit, des exercices violens et de la guerre. Aussi le comte eut-il pour lui autant d'amour que sa femme en avait pour Étienne. Les deux frères grandirent sans se connaître, sans se voir, et arrivèrent à l'âge de l'adolescence.

Étienne habitait une petite chaumière de jardinier située dans une grotte de granit au bord de la mer, au pied du château. Sa mère avait fait disposer l'intérieur de cette humble maison de manière à ce que son fils y trouvât toutes les jouissances du luxe. Elle y allait passer avec lui la plus grande partie de la journée. Ils parcouraient les rochers, les grèves, et elle lui indiquait les limites du petit domaine de sable, de coquilles, de mousses et de cailloux qui lui appartenait. Insensiblement il avait compris, par la terreur profonde dont sa mère était saisie s'il venait à faire un pas hors de cette enceinte, que la mort l'attendait au delà. Chez lui, le nom de père excitait tout à la fois une terrible crainte qui troublait son âme, la dépouillait de son énergie, et le soumettait à cette espèce d'atonie qui fait tomber à genoux une jeune fille devant un tigre.

Caché dans un trou de rocher, il apercevait souvent de loin ce géant sinistre, ou il en entendait la voix, et alors l'impression douloureuse qu'il avait ressentie jadis au moment où il en fut maudit, lui glaçait le cœur. Aussi, comme un Lapon qui meurt au delà de ses neiges, il se fit une délicieuse patrie de sa cabane, de ses rochers, et, s'il en dépassait l'enceinte, il éprouvait un malaise indéfinissable.

Sa mère, sentant que ce pauvre enfant ne pouvait trouver de bonheur que dans une humble sphère de calme et de silence, lui avait donné tous les goûts de la solitude. Ainsi, la bibliothèque du cardinal d'Hérouville fut en quelque sorte son héritage. La lecture devait remplir sa vie. Pour le dédommager de ses infirmités, la nature l'avait doué d'une voix si mélodieuse qu'il était difficile de résister au plaisir de l'entendre. Sa mère lui enseigna la musique; et quelque chant tendre et mélancolique, soutenu par les accens d'une mandoline, fut un de ses trésors... La studieuse poésie, dont les riches méditations nous font parcourir en botaniste les vastes champs de la pensée; la féconde comparaison des idées humaines, l'exaltation que nous donne la parfaite intelligence des œuvres du génie, devinrent les inépuisables et tranquilles félicités de sa vie rêveuse et solitaire. Enfin, les fleurs, créations ravissantes, dont la destinée avait tant de ressemblance avec la sienne, eurent tout son amour. Aussi, heureuse de voir à son fils des passions innocentes qui le garantissaient du rude contact de la vie sociale auquel il n'aurait pas plus résisté que la plus jolie dorade de l'océan n'eût soutenu sur la grève un regard du soleil, la comtesse encouragea les goûts d'Étienne, en lui apportant des *romanceros* espagnols, des *motets* italiens, des livres, des sonnets, des poésies... Et chaque matin, il trouvait sa solitude peuplée de jolies plantes aux riches couleurs, aux suaves parfums.

Ses lectures, auxquelles sa frêle santé ne lui permettait pas de se livrer long-temps, et ses faibles exercices au milieu des rochers, étaient interrompus par de naïves méditations qui le faisaient rester des heures entières devant ses riantes fleurs, ses douces compagnes, ou tapi dans le creux de quelque roche en présence d'une algue, d'une mousse, d'une herbe marine dont il étudiait les mystères.

Il cherchait une rime au sein des corolles odorantes, comme l'abeille y eût été butiner son miel. Il admirait même souvent sans but, et sans vouloir s'expliquer son plaisir, les filets délicats imprimés en couleur foncée sur les pétales, la délicatesse des riches tuniques d'or ou d'azur, vertes ou violâtres, les découpures si profusément belles des calices ou des feuilles, leurs tissus mats ou veloutés qui se déchiraient, comme son âme, au moindre effort.

Il demeurait pendant de longues journées couché sur le sable, vivant sa vie douce et molle, heureux, poëte sans le savoir; et alors l'irruption soudaine d'un insecte doré, les reflets du soleil dans l'océan, les tremblemens du vaste et limpide miroir des eaux, un coquillage, une araignée de mer, tout devenait événement, plaisir pour cette âme ingénue. Voir venir sa mère, entendre de loin le frôlement de sa robe, l'entendre, la baiser, lui parler, l'écouter, lui causaient des sensations si vives, que souvent un retard, la plus légère crainte lui donnaient une fièvre dévorante.....

A l'âge de seize ans, Étienne avait la taille d'un enfant; et, semblable à une plante étiolée, ses longues méditations l'avaient habitué à pencher la tête. Sa peau transparente et satinée comme celle d'une petite fille laissait voir le plus léger rameau de ses veines bleues. Sa blancheur était celle de la porcelaine. Ses yeux clairs exprimaient la faiblesse, une douceur ineffable; ils imploraient protection, car il y avait de la prière dans son regard, et la modestie la plus vraie dans tous ses traits. De longs cheveux châtains, plats, lisses et fins, se partageaient en deux bandeaux sur son front et se bouclaient à leur extrémité. Ses joues étaient pâles et creuses; son front pur, marqué de quelques rides, faisait mal à voir, car il trahissait une souffrance lente et profonde. Sa bouche, gracieuse et ornée de dents très-blanches, conservait cette espèce de sourire qui se fixe sur les lèvres des mourans. Ses mains étaient blanches comme celles d'une coquette, et remarquablement belles. Sa voix avait un timbre qui inspirait l'amour... Enfin, vous eussiez cru voir une tête de jeune fille malade sur un corps débile et contrefait. Il n'y avait qu'une âme en lui, et à cette âme il fallait le silence, des caresses, la paix et l'amour. Sa mère lui prodiguait l'amour et les caresses ; les rochers étaient silencieux ; les fleurs, les livres charmaient sa solitude, et son petit royaume de sable et de coquilles, d'algues et de verdure lui semblait un monde toujours frais et nouveau : aussi, jusqu'à l'âge de dix-huit ans, Étienne fut-il heureux.

Mais bientôt il éprouva le plus affreux malheur qui pût l'affliger. La comtesse, dévorée par le chagrin, était en proie depuis longtemps à une maladie de langueur. Elle mourut. Étienne resta seul dans le monde. Sa douleur fut muette. Il ne courut plus à travers les rochers ; il ne se sentit plus la force de lire, de chanter ; il demeura des journées entières accroupi dans un creux de rocher, indifférent aux intempéries de l'air, immobile, attaché sur le granit, semblable à l'une des mousses qui y croissaient, pleurant bien rarement, mais perdu dans une seule pensée, immense, infinie comme l'océan ; et, comme l'océan, elle prenait mille formes, devenait terrible, orageuse, calme... C'était plus d'une douleur : c'était une vie nouvelle, une irrévocable destinée. Cette pauvre petite créature ne devait plus sourire. Il y a des peines qui, semblables à du sang jeté dans une eau courante, teignent momentanément les flots ; puis l'onde, en se renouvelant, restaure la pureté de sa nappe : mais, chez Étienne, la source même était adultérée, et chaque flot du temps devait lui apporter une même dose de fiel.

A son lit de mort, la comtesse avait confié son fils au vieux Bertrand. Avertie par un instinct qui ne trompe jamais les mères, elle s'était aperçue de la pitié profonde qu'inspirait à l'écuyer le chétif héritier de la maison puissante à laquelle il portait un sentiment de vénération comparable à celui de *Tom-le-Long* pour son navire.

Bertrand fut donc la providence de son

jeune maître. Presque octogénaire, le fidèle serviteur avait conservé l'intendance des écuries, pour ne pas perdre l'habitude d'être une autorité dans la maison ; et, comme son logis se trouvait près de la chaumière où se retirait Étienne, il était à portée de veiller sur lui avec cette persistance d'affection et cette simplicité rusée qui caractérisent les vieux soldats.

Il dépouillait toute sa rudesse pour parler au pauvre enfant. Il allait doucement le prendre par les temps de pluie ; et, l'arrachant à sa rêverie, il le ramenait au logis. Il mit de l'amour-propre à remplacer la comtesse de manière à ce que le fils trouvât, sinon le même amour, du moins les mêmes attentions... Cette pitié ressemblait à de la tendresse.

Or, comme le vieil écuyer s'attachait de plus en plus à son maître, Étienne supporta sans plainte et sans résistance les soins du serviteur ; mais il n'y eut jamais de sympathie entre eux : tous les liens étaient brisés entre l'enfant maudit et les autres créatures. Sa mère avait emporté dans la tombe tout ce qu'il pouvait porter d'amour à un être de son espèce. Il semblait que son cœur eût été brisé comme son corps par la nature.

Aussi devint-il une sorte de créature intermédiaire entre l'homme et la plante, ou peut-être entre l'homme et Dieu. Son âme conservait une pureté native. Il ignorait les lois sociales, les faux sentimens du monde, et n'obéissait qu'à l'instinct de son cœur.

Néanmoins, malgré sa sombre mélancolie, il sentit bientôt le besoin d'aimer, d'avoir une autre mère, une autre âme à lui; et, comme une barrière d'airain s'élevait entre lui et la civilisation, à force de chercher un être auquel il pût confier ses pensées et dont il pût partager la vie, il finit par sympathiser avec l'océan.

Toujours en présence de cette immense création, dont les merveilles cachées contrastent si puissamment avec celles de la terre, il y découvrit d'étonnans mystères. Familiarisé dès le berceau avec l'infini de ces campagnes humides, la mer et le ciel lui racontaient d'admirables poésies. Pour lui, tout était varié dans ce large tableau, si monotone en apparence. Comme tous les hommes dont l'âme domine le corps, il avait une vue perçante, et pouvait saisir à des distances énormes, avec une admirable facilité, sans fatigue, les nuances les plus fugitives de la lumière, les tremblemens les plus éphémères de l'eau. Il admirait même, par un calme parfait, les teintes multipliées de la mer, qui, semblable à un visage de femme, avait alors une physionomie, des sourires, des idées, des caprices; là verte et sombre, ici riant dans son azur... tantôt unissant ses lignes brillantes avec les tremblantes lueurs de l'horizon, tantôt se balançant d'un air doux sous des nuages bruns... Il y avait pour lui des fêtes magnifiques pompeusement célébrées au coucher du soleil, quand l'astre versait ses couleurs rouges sur les flots comme un manteau de pourpre. La mer était gaie, vive, spirituelle au milieu du jour, lorsqu'elle frissonnait en répétant l'éclat de la lumière par mille facettes éblouissantes; puis, elle lui révélait d'étonnantes mélancolies, et le faisait pleurer, lorsque, résignée, calme et triste, elle réfléchissait un ciel gris chargé de nuages... Il avait saisi tous les langages muets de cette immense créature : le flux et reflux était comme une respiration mélodieuse dont chaque soupir lui peignait un sentiment. Il en comprenait le sens intime, et nul marin, nul savant n'aurait pu prédire mieux que lui la moindre colère de l'océan, le plus léger changement de sa face. A la manière dont le flot venait mourir sur le rivage, il devinait les houles, les tempêtes, les grains, la force des marées...

Quand la nuit étendait ses voiles sur le ciel, il la voyait encore sous les lueurs crépusculaires, et conversait avec elle. Enfin, il participait à sa grande et féconde vie : il éprouvait en son âme une véritable tempête quand elle se courrouçait; il respirait dans ses sifflemens aigus, courait dans ses lames énormes qui se brisaient en mille franges liquides sur les rochers, se sentait intrépide et terrible comme elle; et, comme elle, bondissait par des retours prodigieux, gardait des silences mornes, imitait ces clémences soudaines..... Il avait épousé la mer. Elle était sa confidente, son amie, son bonheur.

Le matin quand il venait sur ses rochers, en parcourant les sables fins et brillans de la grève, il reconnaissait l'esprit de l'océan par un simple regard : il en voyait soudain les paysages, et planait ainsi sur la grande face des eaux, comme un ange du ciel..... Si de joyeuses, de lutines, de blanches vapeurs lui jetaient un réseau vague, comme un voile au front d'une fiancée, il en suivait les ondulations et les caprices avec une joie délicieuse..... C'était un charme pour lui que de la trouver coquette au matin comme une femme qui se lève, fraîche, rouge, encore tout endormie...

Sa pensée, mariée avec cette grande pensée divine, le consolait dans sa solitude, et les mille jets de son âme avaient peuplé son étroit désert de fantaisies sublimes. Pur comme un ange, vierge des idées sociales qui dégradent tant les hommes, naïf comme un enfant, il vivait comme une mouette, comme une fleur, prodigue seulement des trésors d'une imagination poétique : tantôt s'élevant jusqu'à Dieu par la prière, tantôt redescendant, humble et résigné, jusqu'au bonheur paisible de la brute; incroyable mélange de deux créations. Pour lui, les étoiles étaient les fleurs de la nuit; le soleil, un père; les oiseaux, des amis. Partout il plaçait l'âme de sa mère : souvent il la voyait dans les nuages, il lui parlait, et ils communiquaient réellement ensemble par des visions célestes..... Il y avait des jours où il entendait sa voix, où il admirait son sourire, des jours où il ne l'avait pas perdue..... Dieu semblait lui avoir donné la puissance des anciens solitaires, des sens intérieurs plus parfaits, des forces morales inouïes qui lui permettaient d'aller plus avant que les autres hommes dans les secrets des œuvres immortelles. Ses regrets et sa douleur étaient comme des liens qui l'unissaient au monde des esprits. Il y pénétrait, armé de son amour, pour y aller chercher sa mère, réalisant ainsi, par les sublimes accords de l'extase, la fabuleuse entreprise d'Orphée..... Il s'élançait dans l'avenir, dans le ciel, comme de son rocher il volait sur l'océan d'une ligne à l'autre de l'horizon.

Souvent aussi, quand il était tapi au fond d'un trou profond, capricieusement arrondi dans un fragment de granit, et dont l'entrée avait l'étroitesse d'un terrier; quand, doucement éclairé par les chauds rayons du soleil qui passaient par des fissures et lui montraient les jolies mousses marines dont cette retraite était décorée, véritable nid de quelque oiseau de mer; là souvent il était saisi d'un sommeil involontaire. Le soleil, son souverain, lui disait seul qu'il avait dormi en lui mesurant le temps pendant lequel avaient disparu, pour lui, ses paysages d'eau, ses sables dorés, ses coquillages. Alors il admirait, à travers une lumière brillante comme celle des cieux, les villes immenses dont ses livres lui parlaient ; il allait, regardant avec étonnement, mais sans envie, les cours, les rois, les batailles, les hommes, les monumens..... Ce rêve en plein jour lui rendait toujours plus chères ses douces fleurs, ses nuages, son soleil, ses beaux rochers de granit. Il semblait qu'un ange lui révélait les abîmes du monde moral, et les chocs terribles des civilisations, pour le mieux attacher à sa vie solitaire..... Il sentait que, s'il se hasardait à traverser ces océans d'hommes, son âme y serait bientôt déchirée ; qu'il y périrait brisé comme une fleur qui tombe du bord d'une pauvre mansarde dans la boue d'une rue.....

Un jour, en 1617, vingt et quelques années après l'horrible nuit pendant laquelle Étienne fut mis au monde, le duc d'Hérouville, alors âgé de soixante-quinze ans, vieux, cassé, presque mort, était assis, au coucher du soleil, dans un immense fauteuil, devant la fenêtre ogive de sa chambre à coucher, à la place d'où jadis la comtesse avait si vainement réclamé, par les sons du cor perdus dans les airs, le secours des hommes et du ciel..... Vous eussiez dit un véritable débris de tombeau. Sa large et puissante figure, dépouillée de son aspect sinistre par la souffrance et par l'âge, avait une couleur blafarde en rapport avec les longues mèches de cheveux blancs qui tombaient autour de sa tête chauve, dont le crâne jaune semblait débile. La guerre et le fanatisme brillaient encore dans ses yeux gris, mais ils y étaient tempérés par un sentiment religieux. La dévotion jetait une teinte monastique sur ce visage, jadis si dur et maintenant sillonné de rides qui en adoucissaient l'expression. Les reflets du couchant coloraient cette tête encore vigoureuse par des tons doux; et le corps affaibli, enveloppé de vêtemens bruns, achevait, par sa pose lourde, par la privation de tout mouvement, de peindre l'existence monotone, le repos terrible de cet homme, autrefois si entreprenant, si haineux, si actif...

— Assez!... dit-il à son chapelain, vieillard vénérable, qui lui lisait l'Évangile en se tenant debout devant lui, dans une attitude respectueuse.

Le duc, semblable à ces vieux lions de ménagerie qui arrivent à une décrépitude encore pleine de majesté, se tourna vers un autre homme en cheveux blancs, et lui tendit un bras décharné, couvert de poils rares, encore nerveux, mais sans vigueur.

— A vous, rebouteur! s'écria-t-il; voyez où j'en suis... aujourd'hui...

— Tout va bien, monseigneur, et la fièvre a cessé... Vous vivrez encore de longues années...

— Je voudrais voir Maximilien ici! reprit le duc en laissant échapper un sourire d'aise... Ce brave enfant! il commande maintenant sa compagnie d'arquebusiers chez le roi... Le maréchal d'Ancre en a eu soin... Notre gracieuse reine Marie pense à le bien apparenter, et mon nom sera dignement continué... Il a fait des prodiges de valeur à l'attaque...

En ce moment Bertrand arrive, tenant une lettre à la main.

— Qu'est ceci?... dit vivement le vieux seigneur.

— Une dépêche apportée par un courrier que vous envoie Sa Majesté, répondit l'écuyer.

— Les huguenots reprendraient-ils les armes, tête-dieu pleine de reliques! s'écria le duc en se dressant et jetant un regard étincelant sur les trois vieillards... J'armerais encore mes soldats, et, avec Maximilien à mes côtés, la Normandie...

— Asseyez-vous, mon bon seigneur, dit le rebouteur inquiet de voir le duc se livrer à une bravade dangereuse chez un convalescent.

— Lisez, maître Corbineau, dit le vieillard en tendant la dépêche à son confesseur.

Ces quatre personnages formaient un tableau curieux, plein d'enseignemens pour la vie humaine. L'écuyer, le prêtre et le médecin, blanchis par les années, tous trois debout devant leur maître assis dans son fauteuil, ne se jetant l'un à l'autre que de pâles regards, traduisant chacun l'une des idées qui finissent par s'emparer de l'homme au bord de la tombe, tous fantastiquement éclairés par les riches couleurs du couchant, silencieux, composaient un tableau sublime de mélancolie et fertile en contrastes. Cette chambre sombre et solennelle, où rien n'était changé depuis plus de vingt années, encadrait merveilleusement cette page poétique, pleine de passions éteintes, attristée par la mort, remplie par la religion...

— Le maréchal d'Ancre a été tué sur le pont du Louvre par ordre du roi, puis....

— Achevez! cria le seigneur.

— Votre fils....

— Eh bien!....

— Mort....

Le duc pencha la tête sur sa poitrine, fit un grand soupir, et resta muet, immobile.

A ce mot, à ce soupir, les trois vieillards se regardèrent. Il leur sembla que l'illustre et opulente maison d'Hérouville disparaissait devant eux comme un navire qui sombre....

— Le maître d'en haut, reprit le duc, en lançant un terrible regard sur le ciel, se montre bien ingrat envers moi!... Il ne se souvient guère de ce que j'ai osé pour sa sainte cause...

— Dieu se venge!... dit le prêtre d'une voix grave.

— Mettez-moi cet homme au cachot!... s'écria le seigneur exaspéré.

— Vous pouvez me faire taire plus facilement que votre conscience.

Le vieillard redevint pensif.

— Ma maison périr !... mon nom s'éteindre !... Je veux me marier... avoir un fils !.... s'écria-t-il après une longue pause.

Le rebouteur ne put s'empêcher de sourire, tout effrayante que fût l'expression du désespoir peint sur la face du duc d'Hérouville.

En ce moment, au milieu du silence, et dominant le doux murmure de la mer, un chant aussi frais que l'air du soir, aussi pur que le ciel, simple comme la couleur verte qui teignait l'océan, s'éleva soudain pour charmer la nature. La ravissante mélancolie de cette voix céleste, la mélodie des paroles, la musique plaintive, répandaient dans l'âme un sentiment semblable à je ne sais quel parfum magique. L'harmonie montait comme par nuages. Elle remplissait les airs, elle versait du baume sur toutes les douleurs, ou plutôt elle les consolait en les exprimant. La voix s'unissait au bruissement de l'onde avec une si rare perfection, qu'elle semblait sortir du sein des flots.... C'était plus doux qu'une parole d'amour; car il y avait la délicieuse fraîcheur de l'espérance.

— Qu'est ceci ?... demanda le duc.

— C'est le petit rossignol qui chante. Tel est le nom que nous avons donné au fils aîné de monseigneur.... répondit Bertrand.

— Mon fils!... s'écria le vieillard. J'ai un fils!... un fils!...

Il se dressa sur ses pieds, et se mit à marcher dans sa chambre d'un pas lent et précipité tour tour ; puis, faisant un geste de commandement, il renvoya ses gens, à l'exception du prêtre.

Le lendemain matin, le duc, appuyé sur son vieil écuyer, allait sur la grève, à travers les rochers, cherchant le fils que jadis il avait maudit. Il l'aperçut de loin, tapi dans une crevasse de granit, nonchalamment étendu au soleil, la tête posée sur une touffe d'herbes fines, les pieds ramassés gracieusement sous le corps.... Il ressemblait à une hirondelle en repos.... Aussitôt que le grand vieillard se montra sur le bord de la mer, et que le bruit de ses pas, assourdi par le sable, résonna faiblement, en se mêlant à la voix des flots,

Étienne tourna la tête, jeta un petit cri d'oiseau surpris, et disparut dans le granit même, comme une souris qui rentre si lestement dans son trou que l'on finit même par douter de l'avoir aperçue...

— Hé! tête-dieu pleine de reliques! où s'est-il donc fourré!... s'écria le seigneur en arrivant au rocher sur lequel son fils était accroupi.

— Il est là... dit Bertrand en montrant une fente étroite dont les bords avaient été polis, usés par les assauts des hautes marées...

— Étienne!... mon fils!... cria le vieillard.

L'*héritier* ne répondit pas. Alors, pendant une partie de la matinée, le duc supplia, menaça, gronda, implora tour à tour, sans pouvoir obtenir de réponse. Parfois il se taisait, appliquait l'oreille à la crevasse, et tout ce que son ouïe faible lui permettait d'entendre était le sourd battement du cœur d'Étienne, dont les pulsations précipitées retentissaient sous la voûte sonore....

—Il vit au moins, celui-là!... dit le vieillard d'un son de voix déchirant.

Au milieu du jour, le père au désespoir eut recours à la prière.

— Étienne, lui disait-il, mon cher Étienne, Dieu m'a puni de t'avoir méconnu! Il m'a privé de ton frère! Aujourd'hui, tu es mon seul et unique enfant. — Je t'aime plus que moi!.... —J'ai reconnu mon erreur, et je sais que tu as véritablement mon sang dans tes veines et celui de ta mère dont j'ai causé le malheur ; mais viens !... Je tâcherai de te faire oublier mes torts en te chérissant pour tout ce que j'ai perdu.

— Étienne, tu seras duc d'Hérouville, pair de France, chevalier des ordres, capitaine de cent hommes d'armes, grand-bailli de Bessin, gouverneur de Normandie pour le roi... seigneur de vingt-sept domaines, de quarante-neuf clochers.... Tu auras pour femme la fille d'un prince.... Tu seras le chef de la maison d'Hérouville... Veux-tu donc me faire mourir de chagrin ?... Viens, viens ! ou je reste agenouillé là, devant ta retraite, jusqu'à ce que je te voie....

Mais l'Enfant maudit, n'entendant pas ce langage hérissé d'idées sociales, de vanités qu'il ne comprenait pas, et retrouvant dans son âme des impressions de terreur invincibles, resta muet, livré à d'affreuses angoisses.

Alors, sur le soir, le vieux seigneur ayant épuisé toutes les formules de langage, toutes les resssources de la prière et les accens du repentir, se jeta, frappé d'une sorte de contrition religieuse, à genoux sur le sable, et fit en lui-même ce vœu :

— Je jure !... d'élever une chapelle à saint Jean et saint Étienne, patrons de ma femme et de mon fils, d'y fonder cent messes en l'honneur de la Vierge, si Dieu et les saints me ramènent mon fils !....

Il demeura dans une humilité profonde, agenouillé, les mains jointes, pria; et, ne voyant point paraître son enfant, l'espoir de son nom, alors de grosses larmes sortirent de ses yeux si long-temps secs, et roulèrent le long de ses joues flétries....

En ce moment, Étienne qui n'entendait plus rien, s'étant coulé sur le bord de sa grotte comme une jeune couleuvre affamée de soleil, vit ses larmes, reconnut le langage de la douleur; et, saisissant la main de son père, il l'embrassa, disant d'une voix d'ange :

— O ma mère, pardonne!....

L'Elixir de Longue Vie.

I.

FESTIN.

> Pendant cette soirée, je vis un monsieur qui avait une tabatière sur laquelle était peint l'œil étincelant d'une maîtresse, morte à la fleur de l'âge, et dont il fut jadis adoré.
>
> (MONOGRAPHIE DE LA VERTU, *ouvrage inédit de l'auteur.*)

Dans un des plus beaux palais de Ferrare, par une soirée d'hiver, sur les neuf heures, don Juan Belvidéro régalait un prince de la maison d'Este. A cette époque, une fête était un merveilleux spectacle que de royales richesses ou la puissance d'un seigneur pouvaient seules produire. Parmi les plus beaux chefs-d'œuvre des arts, sous des lambris de marbre, sur de riches tapis de Turquie, autour d'une table éclairée par des bougies parfumées, sept femmes étaient assises, et, joyeuses, disaient de doux propos. Vêtues de satin, étincelantes d'or et chargées de pierreries, qui brillaient moins peut-être que leurs yeux vifs, elles racontaient, toutes, des passions énergiques, mais diverses comme leur beauté. Elles ne différaient ni par les mots ni par les idées; seulement, l'air, un regard, quelques gestes ou l'accent servaient de commentaires à leurs paroles.

L'une semblait dire : — Ma beauté sait réchauffer le cœur glacé des vieillards...

L'autre : — J'aime à rester couchée sur des coussins, pour penser avec ivresse à ceux qui m'adorent.

Une troisième, novice de ces fêtes, voulait rougir : — Au fond du cœur je sens un remords! disait-elle. Je suis catholique, et j'ai peur de l'enfer; mais je vous aime tant... oh! tant et tant — que je puis vous sacrifier l'éternité.....

La quatrième, vidant une coupe de vin de Chio, s'écriait : — Vive la gaîté! Je prends une existence nouvelle à chaque aurore! Oublieuse du passé, nonchalante de la veille, tous les soirs j'épuise une vie de bonheur, une vie pleine d'amour!...

La femme assise auprès de Belvidéro le regardait d'un œil enflammé. Elle était silencieuse : — Je ne m'en remettrais pas à des *Bravi* pour tuer mon amant, s'il m'abandonnait!

Puis elle avait ri; mais sa main convulsive brisa un drageoir d'or miraculeusement sculpté.

— Quand seras-tu grand-duc?... demanda la sixième au prince avec une expression de joie meurtrière dans les dents, et du délire bachique dans les yeux.

— Et toi, quand ton père mourra-t-il?.... reprit la septième en riant et en jetant son bouquet à don Juan par un geste enivrant de folâtrerie.

C'était une innocente jeune fille accoutumée par le pape Borgia à jouer avec toutes les choses sacrées.

— Ah! ne m'en parlez pas, s'écria le jeune et beau don Juan Belvidéro; il n'y a qu'un père éternel dans le monde, et le malheur veut qu'il se trouve être le mien!

Les sept courtisanes de Ferrare, les amis de don Juan et le prince lui-même jetèrent un cri d'horreur. La saillie de leur amphitryon était antidatée de deux cents ans : sous Louis XV, les gens de bon goût en eussent ri. Mais peut-être aussi, au commencement d'une orgie, les âmes avaient-elles encore trop de lucidité? Et, malgré le feu des bougies, le cri des passions, l'aspect des vases d'or et d'argent, la fumée des vins; malgré la contemplation des femmes les plus ravissantes, peut-être y avait-il, au fond des cœurs, un peu de vergogne pour les choses humaines et divines, dont l'édifice connu sous le nom de *société* allait sans doute disparaître dans quelques instans et s'écrouler dans le vin? Déjà les fleurs avaient été froissées, les yeux s'hébétaient, et l'ivresse gagnait, selon l'expression de Rabelais, même les sandales.

En ce moment de silence, une porte s'ouvrit; et, comme au festin de Balthazar, Dieu se fit reconnaître. Il apparut sous les traits d'un vieux domestique en cheveux blancs, à la démarche tremblante, aux sourcils contractés. Entrant d'un air triste, il flétrit d'un regard les couronnes, les coupes de vermeil, les pyramides de fruits, l'éclat de la fête, la pourpre des visages étonnés et des coussins foulés par les bras blancs des femmes; bref, il emporta toute leur folie en disant ces sombres paroles d'une voix basse et creuse :

— Monsieur... votre père se meurt !...

Don Juan se leva en faisant à ses hôtes et au prince un geste qui peut se traduire par : «— Excusez-moi, ceci n'arrive pas tous les jours. »

Est-ce que la mort d'un père ne surprend pas souvent les jeunes gens au milieu des splendeurs de la vie, au sein des folles idées d'une orgie? La mort est aussi soudaine dans ses caprices qu'une courtisane dans ses dédains. Elle est femme, mariée au genre humain et... fidèle. Où est l'homme qu'elle a trompé?...

Quand don Juan eut fermé la porte de la salle et qu'il marcha dans une longue galerie, froide autant qu'obscure, il s'efforça de prendre une contenance de théâtre; car, en songeant à son rôle de fils, il avait jeté sa joie avec sa serviette.

La nuit était noire. Le silencieux serviteur qui conduisait le jeune homme vers une chambre mortuaire éclairait assez mal son maître, de sorte que la Mort, aidée par le froid, le silence, l'obscurité et par une réaction d'ivresse, put glisser quelques réflexions dans l'âme de ce dissipateur. Il interrogea sa vie et devint pensif comme un homme qui va voir juger un de ses procès.

Bartholoméo Belvidéro, père de don Juan, était un vieillard nonagénaire qui avait passé la majeure partie de sa vie dans les laborieuses espérances du commerce. Ayant traversé souvent les mystérieuses contrées de l'Orient, il y avait acquis d'immenses richesses et des connaissances plus précieuses, disait-il, que l'or et les diamans, dont alors il ne se souciait plus guère.

— Je préfère une dent à un rubis, et le pouvoir au savoir!.... s'écriait-il en souriant.

Ce bon père aimait à entendre don Juan lui raconter une étourderie de jeunesse, et il disait d'un air goguenard, en lui prodiguant l'or : — Mon cher enfant, ne fais que les sottises qui t'amuseront!...

C'était le seul vieillard qui éprouvât du plaisir à voir un jeune homme. Il jouissait de l'avenir de son fils comme si cette brillante vie eût été l'espérance de sa tombe.

A l'âge de soixante ans, Belvidéro s'était épris d'un ange de paix et de beauté. Don Juan avait été le seul fruit de cette tardive et passagère amour. Aussi ne faut-il pas demander si le vieux Bartholoméo aimait son fils, le vivant portrait de cette femme adorée !

Depuis quinze années, il déplorait la perte de sa chère Juana. Ses nombreux serviteurs et son fils attribuaient à cette douleur de vieillard les habitudes singulières qu'il avait contractées. En effet, Bartholoméo, réfugié dans l'aile la plus incommode de son palais, n'en sortait que très-rarement; et don Juan lui-même ne pouvait pénétrer dans l'appartement de son père sans en avoir obtenu la permission. Si ce volontaire anachorète allait et venait dans le palais ou par les rues de Ferrare, il semblait chercher une chose qui lui manquait, marchant tout rêveur, indécis, préoccupé comme un homme en guerre avec une idée ou un souvenir. Pendant que le jeune homme donnait des fêtes somptueuses, et que le palais retentissait d'éclats de joie; que les chevaux piaffaient dans les cours; que les pages se disputaient en jouant aux dés sur les degrés, Bartholoméo mangeait sept onces de pain et buvait de l'eau. S'il lui fallait un peu de volaille, c'était pour en donner les os à un barbet noir, son compagnon fidèle. Il ne se plaignait jamais du bruit. Même durant sa maladie, si le son du cor ou les aboiemens des chiens le surprenaient dans son sommeil, il se contentait de dire :

— Ah! c'est don Juan qui rentre!...

Jamais sur cette terre un père si commode et si indulgent ne s'était rencontré! Aussi le jeune Belvidéro, accoutumé à le traiter sans cérémonie, avait-il tous les défauts des enfans gâtés. Il vivait avec Bartholoméo comme une capricieuse courtisane avec un vieil amant, faisant excuser une impertinence par un sourire, vendant sa belle humeur, et se laissant aimer.

En reconstruisant, par une pensée, le tableau de ses jeunes années, don Juan s'aperçut qu'il lui serait difficile de trouver la bonté de son père en faute. Alors entendant, au fond de son cœur, naître un remords, au moment où il traversait la galerie, il se sentit près de pardonner à Belvidéro d'avoir si longtemps vécu. Il revenait à des sentimens de piété filiale, comme un voleur devient honnête homme — en dérobant un million.

Bientôt il franchit les hautes et froides salles qui composaient l'appartement de son père; et, après avoir éprouvé les effets d'une atmosphère humide, respiré l'air épais, l'odeur rance qui s'exhalaient de vieilles tapisseries et d'armoires couvertes de poussière, il se trouva dans la chambre antique du vieillard, devant un lit nauséabond, auprès d'un foyer presque éteint. Une lampe, posée sur une table de forme gothique, jetait, par intervalles inégaux, des nappes de lumière plus ou moins fortes sur le lit, montrant ainsi la figure du vieillard sous des aspects toujours différens. Le froid sifflait à travers les fenêtres mal fermées; et la neige, en fouettant sur les vitraux, produisait un bruit sourd.

Cette scène formait un contraste si heurté avec celle que don Juan venait d'abandonner, qu'il ne put s'empêcher de tressaillir. Puis, il eut froid quand, en approchant du lit, une assez violente rafale de lueur, poussée par une bouffée de vent, illumina la tête de son père : les traits en étaient décomposés ; la peau, collée fortement sur les os, avait des teintes verdâtres que la blancheur de l'oreiller, sur lequel le vieillard reposait, rendait encore plus horribles; contractée par la douleur, sa bouche entr'ouverte et dénuée de dents laissait passer quelques soupirs qui, s'accordant parfois avec les hurlemens de la tempête, semblaient avoir encore plus d'énergie.

Malgré ces signes de destruction, il éclatait sur cette tête un caractère incroyable de puissance. Un esprit supérieur y combattait la mort. Les yeux, creusés par la maladie, gardaient une fixité singulière. Il semblait que Bartholoméo cherchât à tuer, par son regard de mourant, un ennemi assis au pied de son lit. Ce regard, fixe et froid, était d'autant plus effrayant que la tête restait dans une immobilité semblable à celle des crânes posés sur une table, chez les médecins. Le corps entièrement dessiné par les draps du lit annonçait que les membres du vieillard gardaient la même raideur. — Tout était mort, moins les yeux. Les sons qui sortaient de la bouche avaient même quelque chose de mécanique.

Don Juan éprouva une certaine honte d'arriver auprès du lit de son père mourant en tenant un bouquet de courtisane à la main; en y apportant les parfums d'une fête et les senteurs du vin.

— Oh! oh! s'écria le vieillard en apercevant son fils.

Au même moment, la voix pure et légère d'une cantatrice qui enchantait les convives, fortifiée par les accords du théorbe dont elle s'accompagnait, domina le râle de l'ouragan, et retentit jusque dans cette chambre funèbre. Don Juan n'entendit rien; mais Bartholoméo lui dit :

— Tu t'amusais, mon enfant?...

Ce mot plein de douceur fit mal à don Juan, qui ne pardonna pas à son père cette poignante bonté.

— Oui, répondit-il d'une voix troublée,... et ce sera, pour moi, le sujet d'un remords éternel...

— Pauvre Juanito!... reprit le mourant d'une voix sourde, j'ai toujours été si doux pour toi, que tu ne saurais désirer ma mort?...

— Oh! s'écria don Juan, s'il était possible

de vous rendre la vie en donnant une partie de la mienne...

— Ces choses-là peuvent toujours se dire !... pensait le dissipateur ; c'est comme si j'offrais le monde à ma maîtresse...

A peine sa pensée était-elle achevée que le vieux barbet aboya. Cette voix intelligente fit frémir don Juan : il crut avoir été compris par le chien.

— Je savais bien, mon fils, que je pouvais compter sur toi !... s'écria le moribond. Je vivrai. Va, tu seras content !... Je vivrai, mais sans enlever un seul des jours qui t'appartiennent.

— Il a le délire !... se dit don Juan.

Puis il ajouta tout haut : — Oui, mon père chéri, vous vivrez, certes, autant que moi ! car votre image sera sans cesse dans mon cœur.

— Il ne s'agit pas de cette vie-là !... dit le vieux seigneur en rassemblant ses forces pour se dresser sur son séant, et tout ému par un de ces soupçons qui ne naissent que sous le chevet des mourans.

— Écoute, mon fils, reprit-il d'une voix affaiblie par ce dernier effort. Je n'ai pas plus envie de mourir, que toi de te passer de maîtresses, de vin, de chevaux, de faucons, de chiens et d'or!...

— Je le crois bien!... pensa encore le fils en s'agenouillant au chevet du lit, et en baisant une des mains cadavéreuses de Bartholoméo.

— Mais, reprit-il, mon père, mon cher père, il faut se soumettre à la volonté de Dieu!...

— Dieu!... répliqua le vieillard en gromelant.

— Ne blasphémez pas!... s'écria le jeune homme en voyant l'air menaçant que prirent les traits de son père. Gardez-vous-en bien, vous avez reçu l'extrême-onction!...

— Veux-tu m'écouter?... s'écria le mourant dont la bouche grinça.

Don Juan se tut; et alors un horrible silence régna. A travers les sifflemens lourds de la neige, les accords du théorbe et la voix délicieuse arrivèrent encore, faibles comme un jour naissant. Le moribond sourit.

— Tu as bien fait d'inviter des cantatrices, d'avoir de la musique!... Une fête... des femmes jeunes et belles... blanches, à cheveux noirs!... tous les plaisirs de la vie... — Fais-les rester... Je vais renaître...

— Le délire est à son comble!... dit don Juan.

—.... J'ai découvert un moyen de ressusciter. — Tiens! — Cherche dans le tiroir de cette table. — Tu l'ouvriras en pressant un ressort caché par le griffon.

— J'y suis, mon père?...

— Là... bien, — prends un petit flacon de cristal de roche.

— Le voici...

— J'ai employé vingt ans à...

En ce moment le vieillard, sentant approcher sa fin, rassembla toute son énergie pour dire : — Aussitôt que j'aurai rendu le dernier soupir... tu me frotteras de cette eau. — Je renaîtrai!...

— Il y en a bien peu!... répliqua le jeune homme.

Bartholoméo ne pouvait plus parler; mais il avait encore la faculté d'entendre et de voir; alors, sa tête, se tournant vers don Juan par un mouvement d'une effrayante brusquerie, son cou resta tordu comme celui d'une statue de marbre que la pensée du sculpteur a condamnée à regarder de côté. Ses yeux agrandis contractèrent une hideuse immobilité... Il était mort, — mort en perdant sa seule et dernière illusion...

En cherchant un asile dans le cœur de son fils, il y trouvait une tombe plus creuse que les hommes ne la font d'habitude à leurs morts. Aussi, ses cheveux avaient été éparpillés par l'horreur, et son regard convulsé parlait encore. — C'était un père se levant avec rage de son sépulcre pour demander vengeance à Dieu!...

— Tiens! tout est fini!... s'écria don Juan.

Ayant d'abord présenté le mystérieux cristal à la lueur de la lampe, comme un buveur consulte sa bouteille à la fin d'un repas, il n'avait pas vu blanchir l'œil de son père.

Le chien, béant, contemplait alternativement son maître mort et l'élixir; de même que don Juan regardait tour à tour son père et la fiole. — La lampe jetait des flammes ondoyantes. — Le silence était profond, — le théorbe muet. . . . .

. . . .

Belvidéro tressaillit en croyant voir son père se remuer... Alors, intimidé par l'expres-

sion raide de ses yeux accusateurs, il les ferma,
— comme il aurait poussé une persienne battue par le vent pendant une nuit d'automne.
— Il se tint debout, immobile, perdu dans un monde de pensées.

Tout à coup un bruit aigre, semblable au cri d'un ressort rouillé, rompit ce silence. Don Juan, surpris, faillit laisser tomber le flacon. Une sueur, plus froide que l'acier d'un poignard, sortit de ses pores...

Un coq de bois peint surgit au dessus d'une horloge et chanta trois fois.

C'était une de ces ingénieuses machines à l'aide desquelles les savans de cette époque se faisaient éveiller à l'heure fixée pour leurs travaux.

L'aube rougissait déjà les croisées. — Don Juan avait passé dix heures à réfléchir. — La vieille horloge était plus fidèle que lui dans l'accomplissement de ses devoirs envers Bartholoméo. — Ce mécanisme se composait de bois, de poulies, de cordes, de rouages, tandis que — lui — avait ce mécanisme particulier à l'homme, nommé — un cœur.

Pour ne plus s'exposer à perdre la mystérieuse liqueur, le sceptique don Juan la replaça dans le tiroir de la petite table gothique.

En ce moment solennel, il entendit dans les galeries un tumulte sourd : c'étaient des voix confuses, des rires étouffés, des pas légers, les froissemens de la soie, enfin le bruit d'une troupe joyeuse qui tâche de se recueillir. La porte s'ouvrit, et le prince, les amis de don Juan, les sept courtisanes, les cantatrices apparurent dans le désordre bizarre où se trouvent des danseuses surprises par les lueurs du matin, quand le soleil lutte avec les feux pâlissans des bougies. — Ils arrivaient tous pour donner au jeune héritier les consolations d'usage...

— Oh! oh! le pauvre don Juan a pris cette mort au sérieux!... dit le prince à l'oreille de la Brambilla.

— Mais... son père était un bonhomme!... répondit-elle.

Cependant les méditations nocturnes de don Juan avaient imprimé à ses traits une expression de stupeur si frappante, qu'elle imposa silence à ce groupe. Les hommes restèrent immobiles. — Les femmes, dont les lèvres étaient séchées par le vin, et dont les joues avaient été marbrées par des baisers, s'agenouillèrent et se mirent à prier... Don Juan ne put s'empêcher de tressaillir en voyant les splendeurs, les joies, les rires, les chants, la jeunesse, la beauté, le pouvoir, toute la vie personnifiée se prosterner ainsi devant la mort!... Mais, dans cette adorable Italie, la débauche et la religion s'accouplaient alors si bien, que la religion y était une débauche et la débauche une religion!

Le prince serra affectueusement la main de don Juan; puis, toutes les figures ayant formulé simultanément une même grimace mi-partie de tristesse et d'indifférence, cette fantasmagorie disparut, laissant la salle vide. — C'était bien une image de la vie!

En descendant les escaliers, le prince dit à la Rivabarella : —'Hein! qui aurait cru don Juan un fanfaron d'impiété?... Il aime son père!...

— Avez-vous remarqué le chien noir?... demanda la Brambilla.

— Le voilà immensément riche!... repartit en soupirant la Bianca Cavatolino.

— Que m'importe!... s'écria la fière Varonèse, qui avait brisé le drageoir.

— Comment, que t'importe?... s'écria le duc, mais il est plus prince que moi avec ses écus! . . . .
. . . .

D'abord don Juan, balancé par mille pensées, flotta entre plusieurs partis; mais, après avoir pris conseil du trésor amassé par son père, il revint, sur le soir, dans la chambre mortuaire, l'âme grosse d'un effroyable égoïsme.

Il trouva dans l'appartement tous les gens de sa maison occupés à rassembler les ornemens du lit de parade sur lequel *feu monseigneur* allait être exposé le lendemain, au milieu d'une superbe chambre ardente, curieux spectacle que tout Ferrare devait venir admirer. Don Juan fit un signe, et ses gens s'arrêtèrent tous, interdits, tremblans...

— Laissez-moi seul ici, dit-il d'une voix altérée; vous n'y rentrerez qu'au moment où j'en sortirai.

Quand les pas du vieux serviteur, qui s'en allait le dernier, ne retentirent plus que faiblement sur les dalles, don Juan ferma précipitamment la porte, et, sûr d'être seul, il s'écria :

— Essayons !...

Le corps de Bartholoméo était couché sur une longue table. Pour dérober à tous les yeux le hideux spectacle d'un cadavre qu'une extrême décrépitude et la maigreur rendaient semblable à un squelette, les embaumeurs avaient posé sur le corps un drap qui l'enveloppait, moins la tête. Cette espèce de momie gisait au milieu de la chambre; et le drap, naturellement souple, en dessinait vaguement les formes, mais aiguës, raides et grêles. Le visage était déjà marqué de larges taches violettes qui indiquaient la nécessité d'achever l'embaumement.

Malgré le scepticisme dont il était armé, don Juan trembla en débouchant la magique fiole de cristal. Quand il arriva près de la tête, il fut même contraint d'attendre un moment, tant il frissonnait. Mais ce jeune homme avait été, de bonne heure, savamment corrompu par les mœurs d'une cour dissolue; et alors, une réflexion digne du pape Alexandre vint lui donner un courage que fortifiait encore la curiosité.

Il semblait que le démon lui eût soufflé ces mots qui résonnèrent dans son cœur :

— *Imbibe un œil!...*

Il prit un linge, et, après l'avoir parcimonieusement mouillé dans la précieuse liqueur, il le passa légèrement sur la paupière droite du cadavre.

L'œil s'ouvrit.

— Ah! ah! dit don Juan en pressant le flacon dans sa main, comme nous serrons, en rêvant, la branche à laquelle nous sommes suspendus au dessus d'un précipice.

Il voyait un œil plein de vie, un œil d'enfant dans une tête de mort. La lumière y tremblait au milieu d'un jeune fluide; et, protégée par de beaux cils noirs, elle scintillait pareille à ces lueurs uniques que le voyageur aperçoit dans une campagne déserte, par les soirs d'hiver. — Cet œil flamboyant paraissait vouloir s'élancer sur don Juan; et il pensait, accusait, condamnait, menaçait, jugeait, parlait, il criait, il mordait. Toutes les passions humaines s'y agitaient : c'étaient les supplications les plus tendres; puis une colère de roi; l'amour d'une jeune fille demandant grâce à ses bourreaux; et le regard profond que jette un homme sur les hommes en gravissant la dernière marche de l'échafaud. Il y avait enfin tant de vie dans ce fragment de vie, que don Juan épouvanté recula. Il se promena par la chambre, n'osant plus regarder cet œil, mais il le revoyait sur les planchers, sur les tapisseries, partout. La chambre était parsemée de pointes de feu, de vie, d'intelligence... Toujours des yeux qui aboyaient après lui !

—Il aurait bien revécu cent ans !... s'écria-t-il involontairement, au moment où, ramené devant son père par une influence diabolique, il contemplait cette étincelle lumineuse.

Tout à coup la paupière intelligente se ferma et se rouvrit brusquement, comme celle d'une femme qui consent.

Une voix aurait crié : « Oui ! » don Juan n'aurait pas été plus effrayé.

— Que faire ?... pensa-t-il.

Il eut le courage d'essayer de clore cette paupière blanche; mais tous ses efforts furent inutiles.

— Le crever ?... Ce sera peut-être un parricide !...

— Oui !... dit l'œil par un clignotement d'une étonnante ironie.

— Ah ! bah ! s'écria don Juan, il y a de la sorcellerie là dedans !...

Et il s'approcha de l'œil pour l'écraser.

Une grosse larme roula sur les joues creuses du cadavre; et, de là, sur la main de Belvidéro.

— Elle est brûlante!... s'écria-t-il.

Alors il s'assit. Cette lutte l'avait fatigué comme s'il avait combattu, à l'exemple de Jacob, contre un ange. Enfin il se leva en se disant :

— Pourvu qu'il n'y ait pas de sang!

Puis, rassemblant tout ce qu'il faut de courage pour être lâche, il écrasa l'œil, en le foulant avec un linge, mais sans le regarder.

Un grand gémissement sortit, plaintif, terrible. — Le pauvre barbet expirait en hurlant.

—Serait-il dans le secret?... se demanda don Juan en regardant le fidèle animal.

« Croyez-vous que je me sois joué de vous? — Non. Ce récit n'est pas une plaisanterie; ne le prenez pas pour une œuvre de déception dans laquelle un auteur *fait de l'atroce* pour le plaisir des jeunes filles. — Je n'ai pas entrepris d'enseigner une manière d'éborgner la mort!... Attendez, vous n'êtes pas encore arrivés au moment où vous pourrez frémir sans avoir à rougir de votre peur...

Maintenant — essayez de deviner la conduite que tiendraient, en des conjonctures à peu près semblables, les honnêtes gens qui, au dix-neuvième siècle, prennent de l'argent à rentes viagères, sur la foi d'un catarrhe, ou ceux qui louent une maison à une vieille femme pour le reste de ses jours?... Je cuide qu'ils ne ressusciteraient pas leurs rentiers!

Je désirerais que des peseurs-jurés de conscience examinassent quel degré de similitude existe entre don Juan et les pères qui marient leurs enfans à des filles à cause *des espérances?*

La société *humaine* qui marche, à entendre quelques philosophes, dans une *voie de progrès*, a considéré comme un pas vers le bien l'art d'attendre les trépas. Cette science a créé des métiers honorables au moyen desquels un homme vit de la mort. Certaines personnes espèrent, par état, un décès. Elles le couvent et le guettent. Elles s'accroupissent chaque matin sur un cadavre, et s'en font un oreiller le soir : ce sont les coadjuteurs, les cardinaux, les surnuméraires, les tontiniers, etc. Ajoutez-y beaucoup de gens délicats, empressés d'acheter une propriété dont le prix dépasse la somme de leurs capitaux; mais qui établissent logiquement et à froid les chances de vie qui restent à leurs pères ou à leurs belles-mères, octogénaires ou septuagénaires, disant : — « Avant trois ans, j'hériterai nécessairement, et alors..... »

Un meurtrier nous dégoûte moins qu'un espion, parce que le meurtrier a cédé peut-être à un moment de folie: il peut se repentir, s'ennoblir. Mais l'espion est toujours espion. Il est espion au lit, à table, en marchant, la nuit, le jour; il est vil à toute minute. Que serait-ce donc d'être meurtrier comme un espion est vil?

Hé bien! ne venez-vous pas de reconnaître au sein de la société une foule d'êtres amenés par nos lois, par nos mœurs, par les usages, à penser sans cesse à la mort des leurs, à la convoiter? Ils pèsent ce que vaut un cercueil, en marchandant des cachemires pour leurs femmes, en gravissant l'escalier d'un théâtre, en désirant aller aux Bouffes, en souhaitant une voiture. Ils assassinent au moment où de chères créatures, ravissantes d'innocence, leur apportent, le soir, des fronts enfantins à baiser en disant : « Bonsoir, *père!*... »

Ils voient à toute heure des yeux qu'ils voudraient fermer, et qui se rouvrent, chaque matin, à la lumière, comme celui de Belvidéro... Dieu seul sait le nombre des parricides véniels qui se commettent par la pensée!...

Figurez-vous un homme ayant à servir mille écus de rente viagère à une vieille femme, et n'étant, tous deux, séparés à la campagne que par un ruisseau, assez étrangers l'un à l'autre pour pouvoir se haïr cordialement sans manquer à ces convenances humaines qui mettent un masque d'amitié sur la figure de deux frères!... Quelle vie!...

Il existe un pays dans le monde où chaque citoyen peut disposer de sa fortune comme bon lui semble, sans être tenu d'en laisser une obole à ses enfans. Là seulement, il ne s'élève pas, entre les plus doux sentimens, des murs d'argent et d'or. A Washington, ce principe paraît simple; mais en Europe, toute la civilisation repose sur un pivot : l'HÉRÉDITÉ!......

II.

FIN.

> Toutes les fois que Languet, curé de Saint-Sulpice, passait devant un savant critique surnommé *le dénicheur de saints*, il le saluait avec respect, disant : « J'ai toujours peur qu'il ne fasse un fripon de mon pauvre saint Sulpice! »
>
> (Monographie de la vertu.)

Don Juan Belvidéro passa pour un fils très-pieux. Il éleva un monument de *marbre blanc* sur la tombe de son père, et confia l'exécution des figures aux plus célèbres artistes du temps. Il ne fut parfaitement tranquille que le jour où sa statue, agenouillée devant la tête de Bartholoméo, imposa son poids énorme sur cette fosse, au fond de laquelle il enterra le seul remords dont son cœur devait être chatouillé.

En inventoriant les immenses richesses amassées par le vieil orientaliste, don Juan devint avare. N'avait-il pas deux vies humaines à pourvoir d'argent ?

Aussi, embrassant d'autant mieux l'existence et le monde qu'il les voyait à travers un tombeau, il analysa tout pour en finir d'une seule fois avec le Passé, représenté par l'Histoire ; le Présent, par la Loi ; l'Avenir, par les Religions.

Il prit l'âme et la matière, les jeta dans un creuset, n'y retrouva rien, et dès lors il devint Don Juan !...

Maître des illusions de la vie, il s'élança, jeune et beau, dans la vie, méprisant le monde, mais s'emparant du monde. Son bonheur n'était pas, vous pensez bien, cette félicité bourgeoise qui se repait d'un *bouilli* périodique, d'une douce bassinoire en hiver, d'une lampe pour la nuit et de pantoufles neuves à chaque trimestre..... Non, il se saisit de l'existence comme un singe d'une noix; et, n'étant pas homme à s'amuser long-temps d'une marotte creuse, il dépouilla savamment les vulgaires enveloppes du fruit pour en discuter la pulpe savoureuse. Alors la poésie, les sentimens humains et l'exaltation ne lui allèrent pas même au coude-pied.

Il ne commit point la faute de ces hommes puissans qui, s'imaginant parfois que les petites âmes croient aux grandes, s'avisent d'échanger les hautes pensées de l'avenir contre la petite monnaie de nos idées viagères. Il pouvait bien, comme eux, marcher les pieds sur terre et la tête dans les cieux; mais il aimait mieux s'asseoir, et sécher, sous ses baisers, plus d'une lèvre de femme, fraîche, tendre, humide et parfumée; car, semblable à la Mort, là où il passait, il dévorait tout sans pudeur!... n'ayant qu'un amour de possession, un amour oriental, aux plaisirs longs et faciles.

N'aimant que *la femme* dans les femmes, ilse confiait à la plus profonde ironie. Quand ses maîtresses se servaient d'un lit pour monter aux cieux, allant s'y perdre au sein d'une extase enivrante.... alors don Juan les suivait, grave, expansif, aussi sincère qu'un étudiant allemand; mais il disait je, quand sa maîtresse, folle, éperdue, disait nous !...

Il savait admirablement bien se laisser entraîner par une femme, toujours assez fort pour lui faire croire qu'il tremblait comme un jeune lycéen, disant à sa première partner, dans un bal : « Vous aimez la danse ? » Mais il savait aussi rugir à propos, tirer son épée puissante et briser les commandeurs. Il y avait de la raillerie dans sa simplicité et du rire dans ses larmes, car il sut toujours pleurer autant qu'une femme, quand elle dit à son mari : « Donne-moi un équipage, ou je meurs de la poitrine. »

Pour les négocians, le monde est un ballot ou une masse de billets en circulation ; pour la plupart des jeunes gens, c'est une femme; pour quelques femmes, c'est un homme ; pour certains esprits, c'est un salon, une coterie, un quartier, une ville ; mais pour don Juan, l'univers était—lui ! Modèle de grâce et de noblesse, d'un esprit séduisant, il attacha sa barque à tous les rivages ; mais en se faisant conduire, il n'allait que jusqu'où il voulait être mené. Plus il vit et plus il douta. En examinant les hommes, il devina que souvent le courage était de la témérité; la prudence, une poltronnerie; la générosité, finesse; la justice, un crime; la délicatesse, une niaiserie; la probité, une organisation : et, par une singulière fatalité, il s'aperçut que les gens vraiment probes, délicats, justes, généreux, prudens et courageux n'obtenaient aucune considération parmi les hommes.

— Quelle froide plaisanterie! se dit-il. Elle ne vient pas d'un Dieu.

Et alors, renonçant à un monde meilleur, il ne se découvrit jamais en entendant prononcer un nom, et considéra les saints de pierre dans les églises comme des œuvres d'art. Aussi, comprenant le mécanisme des sociétés humaines, il ne heurtait jamais trop les préjugés, parce qu'il n'était pas aussi puissant que le bourreau; mais il tournait les lois sociales avec cette grâce et cet esprit si bien rendus dans sa scène avec M. Dimanche; car il fut destiné à devenir le type du *Don Juan* de Molière, du *Faust* de Gœthe, du *Manfred* de Byron et du *Melmoth* de Maturin. Grandes images tracées par les plus grands génies de l'Europe, et auxquelles les accords de Mozart ne manqueront pas plus que la lyre de Rossini peut-être!.....

Images terribles que le principe du mal, existant chez l'homme, éternise, et dont chaque siècle admire quelques copies :

Soit que ce type entre en pourparler avec les hommes, comme Mirabeau ;

Soit qu'il se contente d'agir en silence, comme Bonaparte ;

Ou de presser l'univers dans une ironie, comme le divin Rabelais ;

Ou bien encore qu'il se rie des êtres, au lieu d'insulter aux choses, comme le maréchal de Richelieu ;

Et mieux peut-être, soit qu'il se moque à la fois des hommes et des choses, comme le plus célèbre de nos ambassadeurs.

Mais le génie profond de don Juan Belvidéro résuma, par avance, tous ces génies ; car il se joua de tout. Sa vie était une moquerie qui embrassait hommes, choses, institutions et idées.

Quant à l'éternité, il avait causé familièrement une demi-heure avec le pape Jules II ; et à la fin de la conversation, il lui dit en riant :

— S'il faut absolument choisir, j'aime mieux croire en Dieu qu'au diable ; il y a toujours de la ressource avec la puissance unie à la bonté.

— Oui; mais Dieu veut qu'on fasse pénitence dans ce monde.....

— Vous pensez donc toujours à vos indulgences?... répondit Belvidéro. Eh bien! j'ai, pour me repentir des fautes de ma première vie, toute une existence en réserve.

— Ah! parpaillot, s'écria le pape, tu risques d'être canonisé!...

— Après votre élévation à la papauté, l'on peut tout croire.

Et là-dessus, ils allèrent voir les ouvriers occupés à bâtir l'immense basilique consacrée à saint Pierre.

— Saint Pierre était l'homme de génie!.... dit le pape à don Juan; il mérite bien ce monument. Mais parfois, la nuit, je pense qu'un déluge passera l'éponge sur tout cela... et ce sera à recommencer.....

Don Juan et le pape se prirent à rire : ils s'étaient entendus. Un sot aurait été, le lendemain, s'amuser avec Jules II chez Raphaël ou dans la délicieuse Villa-Madama; mais Belvidéro alla le voir officier pontificalement, afin de se convaincre de ses doutes. Dans une débauche, La Rovère aurait pu se démentir et commenter l'*Apocalypse.*

Mais cette légende n'est pas entreprise pour fournir des matériaux à ceux qui voudront écrire des mémoires sur la vie de don Juan; elle est destinée à prouver aux honnêtes gens que Belvidéro n'est pas mort dans son duel avec une pierre, comme veulent le faire croire quelques lithographes.

Lorsque don Juan Belvidéro atteignit l'âge de soixante ans, il vint se fixer en Espagne. Là il épousa, sur ses vieux jours, une jeune et ravissante Andalouse. Mais il ne fut ni bon père ni bon époux. C'était un calcul. Il avait observé que nous ne sommes jamais si tendrement aimés que par les femmes auxquelles nous ne songeons guères. Dona Elvire avait été saintement élevée par une vieille tante au fond de l'Andalousie, dans un château, à quelques lieues de San-Lucar; elle était tout dévouement et toute grâce : don Juan devina que cette jeune fille serait femme à long-temps combattre une passion avant d'y céder; et alors il espéra pouvoir la conserver vertueuse jusqu'à sa mort. Ce fut une plaisanterie sérieuse, une partie d'échecs qu'il voulut se réserver de jouer pendant ses vieux jours.

Fort de toutes les fautes commises par son père Bartholoméo, don Juan résolut de faire servir les moindres actions de sa vieillesse à la réussite du drame qui devait s'accomplir sur son lit de mort. Ainsi la plus grande partie de ses richesses resta enfouie dans les caves de son palais à Ferrare, où il allait rarement. Quant à l'autre moitié de sa fortune, elle fut placée en viager, afin d'intéresser à la durée de sa vie et sa femme et ses enfans, essayant de remplacer les sentimens dont il avait privé son père par les soins de la cupidité. Mais cette spéculation de machiavélisme ne lui fut pas très-nécessaire. Le jeune Philippe Belvidéro, son fils, devint un Espagnol aussi consciencieusement religieux que son père était impie, en vertu peut-être du proverbe : *à père avare enfant prodigue.*

L'abbé de San-Lucar fut choisi par don Juan pour diriger les consciences de la duchesse de Belvidéro et de Philippe. Cet ecclésiastique était un saint homme, de belle taille, admirablement bien proportionné, ayant de beaux yeux noirs, une tête à la Tibère, fatiguée par les jeûnes, blanche de macérations, et journellement tenté comme tous les solitaires. Le vieux seigneur espérait peut-être pouvoir encore tuer un moine avant de finir son premier bail de vie. Mais, soit que l'abbé fût aussi fort que lui, soit que dona Elvire eût plus de prudence ou de vertu que don Juan n'en accordait aux femmes, il fut contraint de passer ses derniers jours comme un vieux curé de campagne, sans scandale chez lui.

Parfois il prenait plaisir à trouver son fils et sa femme en faute sur leurs devoirs de religion, et il exigeait impérieusement qu'ils exécutassent toutes les obligations imposées aux fidèles par la cour de Rome. Enfin il n'était jamais si heureux qu'en entendant le galant abbé de San-Lucar, dona Elvire et Philippe discutant un cas de conscience.

Cependant, malgré les soins prodigieux que le seigneur don Juan Belvidéro donnait à sa personne, les jours de la décrépitude arrivèrent; et, avec cet âge de douleur, vinrent les cris de l'impuissance, d'autant plus déchirans que la force des souvenirs était plus féconde. Cet homme, chez lequel le dernier degré de la raillerie était d'engager les autres à croire aux lois et aux principes dont il se moquait, s'endormait le soir sur un *peut-être!* Ce modèle du bon ton, ce duc, vigoureux dans une orgie, superbe dans les cours, gracieux auprès des femmes, dont il avait tordu les cœurs comme un paysan tord un lien d'osier; cet homme de génie avait une pituite opiniâtre, une sciatique importune, une goutte brutale. Il voyait ses dents le quitter, comme, à la fin d'une soirée, les dames les plus blanches, les mieux parées, s'en vont, une à une, laissant le salon désert et démeublé. Enfin ses mains hardies tremblèrent, ses jambes sveltes chancelèrent; et, un soir, l'apoplexie lui pressa le cou de ses mains crochues et glaciales.

Depuis ce jour fatal, il devint morose et dur. Il accusait le dévouement de son fils et de sa femme, en prétendant parfois que leurs soins touchans et délicats ne lui étaient si tendrement prodigués que parce qu'il avait placé toute sa fortune en rentes viagères. Elvire et Philippe versaient alors des larmes amères et redoublaient de caresses auprès du malicieux vieillard, dont la voix cassée devenait affectueuse pour leur dire :

— Mes amis, ma chère femme, vous me

pardonnez, n'est-ce pas?... Je vous tourmente un peu? — Hélas! grand Dieu! comment te sers-tu de moi pour éprouver ces deux célestes créatures?... Moi, qui devrais être leur joie, je suis leur fléau!...

Ce fut ainsi qu'il les enchaîna au chevet de son lit, leur faisant oublier des mois entiers d'impatience et de cruauté par une heure où, pour eux, il déployait les trésors toujours nouveaux de sa grâce et d'une fausse tendresse. Système paternel qui lui réussit infiniment mieux que celui dont son père avait usé jadis envers lui....

Enfin, il parvint à un tel degré de maladie que, pour le mettre au lit, il fallait le manœuvrer comme une felouque entrant dans un chenal dangereux.

Puis le jour de la mort arriva. Ce brillant et sceptique personnage, dont l'entendement survivait seul à la plus affreuse de toutes les destructions, se vit entre un médecin et un confesseur, ses deux antipathies... Mais il fut jovial avec eux. N'y avait-il pas, pour lui, une lumière scintillante derrière le voile de l'avenir? Et, sur cette scène diaphane, les légères et ravissantes délices de la jeunesse se jouaient comme des ombres.

Ce fut par une belle soirée d'été que don Juan sentit les approches de la mort. Le ciel de l'Espagne étant d'une admirable pureté, les orangers parfumant l'air, les étoiles distillant de vives et fraîches lumières, la nature semblait lui donner des gages certains de sa résurrection. Un fils pieux et obéissant le contemplait avec amour et respect. Vers onze heures, il voulut rester seul avec cet être candide.

— Philippe!... lui dit-il d'une voix si tendre et si affectueuse que le jeune homme tressaillit et pleura de bonheur, car jamais ce père inflexible n'avait prononcé ainsi : Philippe!

— Écoute-moi, mon fils, reprit le moribond. Je suis un grand pécheur. Aussi ai-je pensé, pendant toute ma vie, à ma mort. Jadis je fus l'ami du grand pape Jules II. Cet illustre pontife, ayant craint que l'excessive irritation de mes sens ne me fît commettre quelque péché mortel entre le moment où j'expirerais et celui où j'aurais reçu les saintes huiles, m'a fait présent d'une fiole dans laquelle existe l'eau sainte jaillie autrefois des rochers, dans le désert. J'ai gardé le secret sur cette dilapidation du trésor de l'église : mais je suis autorisé à révéler ce mystère à mon fils, *in articulo mortis.* Vous trouverez cette fiole dans le tiroir de cette table gothique, qui n'a jamais quitté le chevet de mon lit... Le précieux cristal pourra vous servir encore, mon bien-aimé Philippe... Mais jurez-moi, par votre salut éternel, que vous allez exécuter ponctuellement mes ordres?...

Philippe regarda son père; et don Juan se connaissait trop à l'expression des sentimens humains pour ne pas mourir en paix sur la foi d'un tel regard.

— Tu méritais un autre père!... reprit don Juan. J'ose t'avouer, mon enfant, qu'au moment où le respectable abbé de San-Lucar m'administrait le viatique, je pensais à l'incompatibilité de deux puissances aussi étendues que celles du diable et de Dieu...

— Oh! mon père...

— Et je me disais que, quand Satan fera sa paix, il devra, sous peine d'être un grand misérable, stipuler le pardon de ses adhérens... Cette pensée me poursuit!... Alors j'irais en enfer, vois-tu, mon fils? si tu n'accomplissais pas mes volontés?...

— Oh! dites-les-moi promptement, mon père!

— Aussitôt que j'aurai fermé les yeux, reprit don Juan, dans quelques minutes peut-être, tu prendras mon corps, tout chaud même, et tu l'étendras sur une table, au milieu de cette chambre. Puis tu éteindras cette lampe; car la lueur des étoiles doit te suffire... Tu me dépouilleras de mes vêtemens; et pendant que tu réciteras des *Pater* et des *Ave* en élevant ton âme à Dieu, tu auras soin d'humecter, avec cette eau sainte, mes yeux, mes lèvres, toute la tête d'abord — et successivement les membres et le corps... Mais, mon cher fils, la puissance de Dieu est si grande qu'il ne faudra t'étonner de rien!...

Ici don Juan, sentant la mort venir, ajouta d'une voix terrible :

— Et tiens bien le flacon...

Il expira doucement dans les bras d'un fils dont les larmes abondantes coulèrent sur sa face ironique et blême.

Il était environ minuit quand don Philippe Belvidéro plaça le cadavre de son père sur la table ; et, après en avoir baisé le front menaçant et les cheveux gris, il éteignit la lampe. La lueur douce, produite par la clarté de la lune, dont les reflets bizarres illuminaient la campagne, permit au pieux Philippe d'entrevoir indistinctement le corps de son père : c'était quelque chose de blanc au milieu de l'ombre. Le jeune homme imbiba un linge dans la liqueur ; puis, plongé dans la prière, au milieu d'un profond silence, il oignit fidèlement cette tête sacrée. Il entendait bien des frémissemens indescriptibles, mais il les attribuait aux jeux de la brise dans les cimes des arbres. Quand il eut mouillé le bras droit, il se sentit fortement étreindre le cou par un bras jeune et vigoureux : — c'était le bras de son père !..... Il jeta un cri déchirant, laissa tomber la fiole qui se cassa ; la liqueur s'évapora. Tous les gens du château accoururent, armés de flambeaux. Ce cri les avait épouvantés et surpris, comme si la trompette du jugement dernier eût ébranlé l'univers. En un moment, la chambre fut pleine de monde.

La foule tremblante aperçut don Philippe évanoui, mais retenu par le bras puissant de son père qui lui serrait le cou... Puis, chose surnaturelle, l'assistance vit la tête de don Juan, aussi jeune, aussi belle que celle de l'Antinoüs, aux cheveux noirs, aux yeux brillans, à la bouche vermeille, s'agitant effroyablement sans pouvoir remuer le squelette auquel elle appartenait.

Un vieux serviteur imbécile cria : — Miracle!...

Tous ces Espagnols superstitieux répétèrent : — Miracle !...

Alors dona Elvire, trop pieuse pour admettre les mystères de la magie, envoya chercher l'abbé de San-Lucar.

Lorsque le prieur contempla de ses yeux le miracle, il résolut d'en profiter en homme d'esprit et en abbé qui ne demandait pas mieux que d'augmenter ses revenus. Déclarant aussitôt que le seigneur don Juan serait infailliblement canonisé, il indiqua, pour le surlendemain, la cérémonie de l'apothéose dans son couvent, — qui désormais s'appellerait, dit-il, *San-Juan-de-Lucar*...

A ces mots, la tête fit une grimace assez facétieuse.

Le goût des Espagnols pour ces sortes de solennités est si connu qu'il ne doit pas être difficile de croire aux féeries religieuses par lesquelles l'abbaye de San-Lucar célébra la translation du *bienheureux don Juan Belvidéro* dans son église. Trois jours après la mort de cet illustre seigneur, le miracle de son imparfaite résurrection s'était si druement conté de ville en village, dans un rayon de plus de cinquante lieues autour de San-Lucar, que ce fut déjà une comédie que de voir les curieux par les chemins. Ils vinrent de tous côtés, affriandés par un *Te Deum* chanté aux flambeaux.

L'antique mosquée du couvent de San-Lucar, merveilleux édifice bâti par les Maures, et dont les voûtes entendaient depuis trois siècles le nom de Jésus-Christ substitué à celui d'Allah, ne put contenir toute la foule accourue pour voir la cérémonie. Pressés comme des fourmis, des hidalgos en manteaux de velours, armés de leurs bonnes épées, se tenaient debout autour des piliers, n'ayant pas de place pour plier leurs genoux, qui ne se pliaient que là. Il y avait de ravissantes paysannes, dont les basquines dessinaient les formes amoureuses; des vieillards en cheveux blancs, des jeunes gens aux yeux de feu; de vieilles femmes parées ; puis des couples frémissant d'aise, fiancées curieuses amenées par leurs bien-aimés, mariés de la veille, enfans se tenant craintifs par la main. Ce monde était là, riche de couleurs, brillant de contrastes, chargé de fleurs, émaillé, produisant de doux tumultes dans le silence de la nuit.

Les larges portes de l'église s'ouvrirent. Ceux qui, venus trop tard, restèrent en dehors, voyaient de loin, par les trois portails sculptés, une scène dont les décorations vaporeuses de nos opéras modernes ne sauraient donner même une faible idée. Des dévotes et des pécheurs, pressés de gagner les bonnes grâces d'un nouveau saint, ayant allumé en son honneur des milliers de cierges dans cette vaste église, ces lueurs douces donnaient de magiques aspect au monument. Les noires arcades, les colonnes et leurs chapiteaux, les chapelles profondes et brillantes d'or et d'argent, les galeries, les découpures sarrasines, les traits les plus délicats de cette sculpture délicate, se dessinaient dans cette lumière surabondante, comme des figures capricieuses qui se forment dans un brasier rouge. C'était un océan de feux, dominé, au fond de l'église, par le chœur doré, d'où s'élevait le maître-autel, dont la gloire eût rivalisé avec celle d'un soleil levant. En effet, la splendeur des lampes d'or, des candélabres d'argent, des bannières, des glands, des saints et des *ex-voto*, pâlissait devant la châsse où se trouvait don Juan. Le corps de l'impie étincelait de pierreries, de fleurs, de cristaux, de diamans, d'or, de plumes aussi blanches que les ailes d'un séraphin, et il remplaçait sur l'autel un tableau du Christ. Autour de lui brillaient des cierges nombreux qui élançaient dans les airs de flamboyantes ondes.

Le luxurieux abbé de San-Lucar, paré de ses habits pontificaux, ayant sa mitre enrichie de pierres précieuses, son rochet, sa crosse d'or, siégeait, roi du chœur, sur un fauteuil d'un luxe impérial, au milieu de tout son clergé composé d'impassibles vieillards en cheveux argentés, revêtus d'aubes fines et blanches, et qui l'entouraient, semblables aux saints confesseurs dont les peintres environnent l'Éternel. Le grand-chantre et les dignitaires du chapitre, décorés des brillans insignes de leurs vanités ecclésiastiques, allaient et venaient au sein des nuages formés par l'encens, pareils à des astres roulant sur un firmament.

Quand l'heure du triomphe fut venue, les cloches réveillèrent tous les échos de la campagne, et cette immense assemblée jeta vers Dieu le premier cri de louanges par lequel commence le *Te Deum.* Quel cri sublime ! C'étaient des voix pures et légères, des voix de femmes, en extase, mêlées aux voix graves et fortes des hommes, des milliers de voix, si puissantes que l'orgue n'en domina pas l'ensemble malgré le mugissement profond de ses tuyaux... Seulement les notes perçantes de la jeune voix des enfans de chœur et les larges accens de quelques basses-tailles, suscitèrent des idées gracieuses, peignirent l'enfance et la force, dans ce ravissant concert de voix humaines toutes confondues en un sentiment d'amour...

— *Te Deum laudamus !...*

Du sein de cette cathédrale noire de femmes et d'hommes agenouillés, ce chant partit semblable à une lumière qui scintille tout à coup dans la nuit, et le silence fut rompu comme par un coup de tonnerre. Les voix montèrent avec les nuages d'encens qui jetaient alors des voiles diaphanes et bleuâtres sur les fantastiques merveilles de l'architecture... Tout était richesse, parfum, lumière et mélodie...

Au moment où cette musique d'amour et de reconnaissance s'élança vers l'autel, don Juan, trop poli pour ne pas remercier, trop spirituel pour ne pas entendre raillerie, répondit par un rire effrayant, et se prélassa dans sa châsse.

Mais le diable lui fit bientôt penser à toutes les chances qu'il courait d'être un homme ordinaire, un saint, un Boniface, un Pantaléon. Alors il rugit, et, à cette mélodie d'amour, il mêla un hurlement auquel se joignirent les mille voix de l'enfer. La terre bénissait, et le ciel maudissait. L'église en trembla sur ses vieux fondemens antiques...

— *Te Deum laudamus!*... disait l'assemblée.

— Allez à tous les diables, bêtes brutes que vous êtes! Dieu!.... Dieu!.... *Carajos demonios*... animaux...

Et un torrent d'imprécations se déroula comme un ruisseau de laves brûlantes par une irruption du Vésuve.

— *Deus sabaoth, sabaoth!* crièrent les chrétiens.

— Vous insultez la majesté de l'enfer! répondit don Juan, dont la bouche grinçait des dents.

Bientôt le bras vivant put passer par-dessus la châsse, et menaçant du poing l'assemblée, il fit des gestes de désespoir et d'ironie.

— Comme le saint nous bénit!... dirent les vieilles femmes, les enfans et les fiancés, gens crédules.

Voilà comment nous sommes souvent trompés dans nos adorations. L'homme supérieur se moque de ceux qui le complimentent, comme Louis XVIII sur son balcon maudissait les Parisiens sur lesquels il régnait trop tard, tout en leur adressant des complimens affectueux.

Au moment où l'abbé, prosterné devant l'autel, chantait :

— *Sancte Joannes, ora pro nobis!...*

Il entendit assez distinctement : — *O coglione...*

— Que se passe-t-il donc là-haut? s'écria le sous-prieur en voyant la châsse remuer.

— Le saint fait le diable, répondit l'abbé.

Alors cette tête vivante se détacha violemment du corps qui ne vivait plus et tomba sur le crâne jaune de l'officiant.

— Souviens-toi de dona Elvire!... cria la tête en dévorant celle de l'abbé.

Ce dernier jeta un cri affreux qui troubla la cérémonie. Tous les prêtres accoururent et entourèrent leur souverain.

— Imbécile, dis donc qu'il y a un Dieu?... cria la voix au moment où l'abbé, mordu dans sa cervelle, allait expirer.

Ce fut le premier religieux qui mourut bicéphale.

Nous pouvons tirer de ce mythe plusieurs moralités intéressantes. D'abord.... Mais.... — continuez sans l'auteur.

Les Proscrits.

> O patria!...
> (Rossini, *Tancredi*.)

I.

LE SERGENT DE VILLE

En 1308, il n'existait encore que fort peu de maisons sur le *terrain* formé par les alluvions et les sables de la Seine, en haut de la Cité, derrière l'église Notre-Dame. Le premier qui osa se bâtir un manoir sur cette grève mouvante et soumise à de fréquentes inondations fut un sergent de la ville de Paris.

Ayant rendu quelques menus services à messieurs du chapitre Notre-Dame, l'évêque lui bailla quinze perches de terre et le dispensa de toute censive ou redevance pour le fait de ses constructions.

Sept ans avant le jour auquel commence cette histoire, Joseph Tirechair, l'un des plus rudes sergens de Paris, comme son nom le prouve, avait donc, grâce à ses droits dans les amendes par lui perçues pour les délits commis ès rues de la Cité, construit une maison au bord de la Seine, précisément à l'extrémité de la rue du Port-Saint-Landry. Profitant d'une espèce de pile en maçonnerie, élevée par la ville pour garantir de tout dommage les marchandises déposées sur le port, le sergent y avait assis son logis, en sorte qu'il fallait monter une dizaine de marches pour arriver chez lui.

Semblable à presque toutes les maisons de Paris, cette chétive bicoque était surmontée d'un toit pointu dont nous donnerons une juste idée en le comparant à deux cartes mises l'une contre l'autre par quelque enfant qui commence un de ses châteaux éphémères. Sous ce toit de forme primitive, dont, au grand regret des historiographes, il n'existe plus guère à Paris que deux ou trois modèles, il y avait un grenier vide, dans lequel la femme du sergent faisait sécher le linge du chapitre, qu'elle avait l'honneur de blanchir.

Au premier étage, l'architecte avait ménagé deux chambres qui se louaient aux étrangers à raison de quarante sous parisis pour chacune, bon an, mal an. Ce prix exorbitant était justifié par le luxe avec lequel ces deux pièces avaient été meublées : des tapisseries de Flandre en garnissaient les murailles; un grand lit orné d'un tour en serge verte, semblable à ceux de nos paysans, était honorablement fourni de matelas, et recouvert d'assez bons draps dont la toile n'était point trop grossière; enfin chaque réduit avait son chauffe-doux, espèce de poêle dont la description est inutile. Le plancher, soigneusement entretenu par les apprenties de la Tirechair, brillait comme le bois d'une châsse. Au lieu de s'asseoir sur des escabelles, les locataires avaient pour siéges de grandes *chaires* en noyer sculpté qui provenaient sans doute du pillage de quelque château. Deux bahuts incrustés en étain, une table à colonnes torses, complétaient un mobilier digne des chevaliers bannerets les mieux huppés, que leurs affaires amenaient à Paris.

Les vitraux de ces deux chambres donnaient sur la rivière : par l'un, vous n'eussiez pu voir que les rives de la Seine et les trois îles désertes nommées aujourd'hui l'île Saint-Louis et l'île Louviers; tandis que de l'autre, vous auriez aperçu, à travers une échappée du port Saint-Landry, le quartier de la Grève, le pont Notre-Dame avec ses maisons; puis, les hautes tours du Louvre, récemment bâties par Philippe-Auguste, et qui dominaient ce Paris chétif et pauvre dont l'imagination de nos poëtes nous raconte aujourd'hui tant de fausses merveilles.

Dans le bas de la *maison à Tirechair*, pour nous servir de l'expression alors en usage, il y avait une grande chambre où travaillait sa femme, et par où les locataires étaient obligés de passer pour se rendre chez eux en gravissant un escalier pareil à celui d'un moulin, et derrière lequel se trouvaient la cuisine et la chambre à coucher du sergent.

Un petit jardin, conquis sur les eaux, étalait, au pied de cette humble demeure, ses carrés de choux verts, ses ognons et quelques pieds de rosiers, tous défendus par des pieux formant une espèce de haie. Une cabane construite en bois et en boue servait d'asile à un gros chien, gardien nécessaire de cette maison isolée; puis, tout auprès de la niche, il y avait une enceinte où, pendant la journée, caquetaient des poules.

Çà et là, sur le terrain fangeux ou sec, suivant les caprices de l'atmosphère parisienne, s'élevaient quelques arbres petits, incessamment battus par le vent, tourmentés, cassés par les promeneurs, et des saules vivaces, des joncs, de hautes herbes... Le *terrain*, la maison, la Seine, le port, étaient encadrés à l'ouest par l'immense basilique de Notre-Dame qui projetait, au gré du soleil, son ombre froide sur cette terre ; et alors, comme aujourd'hui, Paris n'avait pas de lieu plus solitaire, de paysage plus solennel et plus mélancolique. La grande voix des eaux, le chant des prêtres ou les sifflemens du vent troublaient seuls cette espèce de bocage où, parfois, se faisaient aborder quelques couples amoureux, pour se confier leurs secrets, lorsque les offices retenaient à l'église les gens du chapitre.

Par une soirée du mois d'avril, en l'an 1308, Joseph Tirechair rentra chez lui singulièrement fâché. Depuis trois jours il trouvait tout en ordre sur la voie publique; et, en sa qualité d'homme de police, rien ne l'affectait plus que de se voir inutile. Jetant sa hallebarde avec humeur, il se mit à grommeler de vagues paroles en dépouillant sa jaquette mi-partie de bleu et de rouge, pour endosser un mauvais hoqueton de camelot. Puis, après avoir pris dans la huche un morceau de pain sur lequel il étendit une couche de beurre assez épaisse, il s'établit sur un banc, examina, autour de lui, ses quatre murs blanchis à la chaux, compta les solives de son plancher, inventoria ses ustensiles de ménage appendus à des clous; et, maugréant presque d'un soin qui ne lui laissait rien à dire, il inspecta sa femme, laquelle ne soufflait mot en repassant les aubes et les surplis du chapitre.

— Par mon salut!... dit-il pour entamer la conversation, je ne sais, Jacqueline, où tu vas pêcher tes apprenties!...

— En voilà une!... ajouta-t-il en montrant avec son couteau une ouvrière qui plissait assez maladroitement une nappe d'autel. En vérité, plus je la mire, et plus je pense qu'elle ressemble à une *fille folle de son corps* et non à une bonne grosse *serve* de campagne... Elle a des mains aussi blanches que celles d'une *dame!*... Jour de Dieu! ses cheveux sentent le parfum, je crois! Et ses chausses sont fines comme celles d'une reine... Par la double corne de Mahom!... il y a quelque chose céans qui ne va pas comme il faut!...

L'ouvrière se prit à rougir, et regarda Jacqueline d'un air qui exprimait une crainte mêlée d'orgueil; mais la blanchisseuse, répondant à ce regard par un sourire, quitta son ouvrage; et d'une voix aigrelette :

— Ah ça!... dit-elle à son mari, ne m'impatiente pas?... Ne vas-tu point m'accuser de quelques manigances? Trotte sur ton pavé tant que tu voudras, et ne te mêle de ce qui se passe ici que pour dormir en paix, boire ton vin, et manger ce que je te mets sur table... ou sinon, je ne me charge plus de t'entretenir en joie et en santé...

— Il n'y a pas dans toute la ville d'homme plus heureux que ce singe-là! ajouta-t-elle en lui faisant une grimace de reproche. Il a de l'argent dans son escarcelle; il a pignon sur Seine, une vertueuse hallebarde d'un côté, une honnête femme de l'autre, une maison aussi propre, aussi nette que mon œil... Et ça se plaint comme un galeux ardé du feu Saint-Antoine!...

— Ah! reprit le sergent, crois-tu, Jacqueline, que j'aie envie de voir mon taudis rasé, ma hallebarde aux mains d'un autre et ma femme au pilori?...

Jacqueline et la délicate ouvrière pâlirent.

— Explique-toi donc, reprit vivement la blanchisseuse, et fais voir ce que tu as dans ton sac. Je m'aperçois bien, mon gars, que tu loges une sottise dans ta pauvre cervelle depuis quelques jours... Allons, viens çà! et défile-moi ton chapelet. Il faut que tu sois bien couard pour redouter le moindre grabuge, en portant la hallebarde du parloir aux bourgeois, et en vivant sous la protection du chapitre. Les chanoines mettraient le diocèse en interdit, si Jacqueline se plaignait à eux de la plus mince avanie...

Et, disant cela, elle marcha droit au sergent; puis, le prenant par le bras :

— Viens donc!... ajouta-t-elle en le faisant lever, et l'emmenant sur les degrés.

Quand ils furent au bord de l'eau, dans leur jardinet, Jacqueline, regardant son mari d'un air moqueur :

— Apprends, vieux truand, que, quand cette belle dame sort du logis, il entre une pièce d'or dans notre épargne...

— Oh! oh!... fit le sergent, qui resta pensif et coi devant sa femme.

Mais il reprit bientôt :

— Eh! donc, nous sommes perdus... Pourquoi cette dame vient-elle chez nous?

— Elle vient, reprit Jacqueline, voir le tout joli petit clerc que nous avons là-haut!...

Et elle montra la chambre dont la fenêtre avait vue sur la vaste étendue de la Seine.

— Malédiction! s'écria le sergent. Pour quelques traîtres écus, tu m'auras ruiné, Jacqueline!... Est-ce là un métier pour la sage et prude femme d'un sergent?... Mais fût-elle comtesse ou baronne, cette dame ne saurait nous tirer du traquenard... N'aurons-nous pas de plus contre nous un mari puissant et grandement offensé? car, jarnidi! elle est bien belle.

— Oui dà!... elle est veuve, vilain oison!.. Comment oses-tu soupçonner ta femme de vilenies?... Cette dame n'a jamais parlé à notre gentil clerc. Elle se contente de le voir et de penser à lui... Pauvre enfant! Sans elle, il serait déjà mort de faim!... Elle est quasiment sa mère... Et lui, le chérubin, il est aussi facile de le tromper que de bercer un nouveau-né... Il croit que ses deniers vont toujours, et il les a déjà deux fois mangés depuis six mois...

— Femme, répondit gravement le sergent, en lui montrant la place de Grève, te souviens-tu d'avoir vu d'ici le feu dans lequel on a brûlé l'autre jour cette Danoise?...

— Eh bien!... dit Jacqueline effrayée.

— Eh bien! reprit Tirechair, les deux étrangers que nous aubergeons sentent le roussi... Il n'y a chapitre, comtesse ni protection qui tiennent. Voilà Pâques venu, l'année finie: il faut les mettre à la porte, et vite et tôt. Apprendras-tu à un sergent à reconnaître un gibier de potence!... Nos deux hôtes avaient pratiqué la *Porette*, cette hérétique de Danemark, dont tu as entendu d'ici le dernier cri... C'était une courageuse diablesse, car elle n'a point sourcillé sur son fagot; ce qui prouvait bien son accointance avec le diable... Je l'ai vue comme je te vois... Elle prêchait encore l'assistance, disant qu'elle était dans le ciel, et voyait Dieu... Eh bien! depuis ce jour, je n'ai point dormi tranquillement sur mon grabat. Le vieux seigneur couché au dessus de moi est plus sûrement sorcier que chrétien. J'ai, foi de sergent! le frisson quand il passe près de moi... La nuit, jamais ne dort. Si je m'éveille, sa voix retentit comme le bourdonnement des cloches, et je lui entends faire ses conjurations en langue diabolique. Lui as-tu jamais vu manger une honnête croûte de pain, une *fouace* faite par la main d'un *talmellier* catholique?... Sa peau brune a été cuite et hâlée par le feu de l'enfer... Il y a, jour de Dieu! dans ses yeux un charme, comme dans ceux d'un serpent. Or, Jacqueline, je ne veux pas de ces deux hommes-là chez moi. Je vis trop près de la justice pour ne pas savoir qu'il faut ne jamais avoir rien à démêler avec elle. Tu mettras nos deux locataires à la porte : le vieux, parce qu'il m'est suspect; le jeune, parce qu'il est trop mignon. L'un et l'autre ont l'air de ne point hanter les chrétiens. Ils ne vivent certes pas comme nous. Le petit regarde toujours la lune, les étoiles et les nuages, en sorcier qui guette l'heure de monter sur son balai; et l'autre, sournois, se sert bien certainement de ce pauvre enfant pour quelque sortilége... Mon bouge est déjà sur la rivière, et c'est assez d'une cause de ruine sans y attirer le feu du ciel ou l'amour d'une comtesse.

— J'ai dit. Ne bronche pas...

Malgré le despotisme qu'elle exerçait au logis, Jacqueline resta stupéfaite en entendant l'espèce de réquisitoire fulminé par le sergent contre ses deux hôtes.

En ce moment, elle regarda machinalement la fenêtre de la chambre où logeait le vieillard, et frissonna d'horreur en y rencontrant tout à coup la face sombre et mélancolique, le regard profond qui faisaient tressaillir même le sergent, tout habitué qu'il fût à voir des criminels.

A cette époque, petits et grands, clercs et laïques, tout tremblait à la pensée d'un pouvoir surnaturel, et le mot de magie était aussi puissant que la lèpre pour briser les sentimens, rompre les liens sociaux, et glacer la pitié dans les cœurs les plus généreux.

La femme du sergent pensa soudain qu'elle n'avait jamais vu ses deux hôtes faisant acte de créatures humaines. Quoique la voix du plus jeune fût douce et mélodieuse comme les sons d'une flûte, elle l'entendait si rarement, qu'alors elle fut tentée de la prendre pour l'effet d'un sortilége. En se rappelant l'étrange beauté de son visage blanc et rose ; en revoyant, par le souvenir, sa chevelure blonde et les feux humides de son regard étincelant, elle crut y reconnaître les artifices du démon. Elle se souvint d'être restée des journées entières sans avoir entendu le plus léger bruit chez les deux étrangers. Où étaient-ils pendant ces longues heures ?...

Tout à coup, les circonstances les plus singulières revinrent en foule à sa mémoire. Alors, elle fut complètement saisie par la peur, et voulut voir une preuve de magie dans l'amour que la riche dame portait à ce jeune Godefroy, pauvre orphelin, venu de Flandre à Paris pour étudier à l'Université.

Elle mit promptement la main dans une de ses poches, en tira vivement quatre livres tournois en grands blancs ; et, regardant les pièces avec une avarice mêlée de crainte...

— Ce n'est pourtant pas là de la fausse monnaie ?... dit-elle en montrant les sous d'argent à son mari.

— Puis, ajouta-t-elle, comment les mettre hors de chez nous après avoir reçu d'avance le loyer de l'année?...

— Tu consulteras le doyen du chapitre... répondit le sergent. N'est-ce pas à lui de nous dire comment il faut nous comporter avec des êtres extraordinaires?

— Oh! oui, bien extraordinaires... s'écria Jacqueline. Et c'est une malice à eux que de venir gîter dans le giron même de Notre-Dame!...

— Mais, reprit-elle, avant de consulter le doyen, pourquoi ne pas prévenir cette noble et digne dame du danger qu'elle court?...

En achevant ces paroles, Jacqueline et le sergent, qui n'avait pas perdu un coup de dent, rentrèrent au logis. Tirechair, en homme vieilli dans les ruses de son métier, feignit de prendre l'inconnue pour une véritable ouvrière; mais cette indifférence apparente laissait percer la crainte d'un courtisan qui respecte un royal *incognito*.

En ce moment, six heures sonnèrent au clocher de Saint-Denis-du-Pas, petite église qui se trouvait entre Notre-Dame et le port Saint-Landry, la première cathédrale bâtie à

Paris au lieu même où saint Denis a été mis sur le gril, disent les chroniques. Aussitôt l'heure vola de cloche en cloche par toute la cité. Et alors, des cris confus s'élevèrent sur la rive gauche de la Seine, derrière Notre-Dame, à l'endroit où fourmillaient les écoles de l'Université.

A ce signal, le vieil hôte de Jacqueline marcha dans sa chambre; et bientôt, le sergent, sa femme et l'inconnue entendirent ouvrir et fermer brusquement une porte, et le pas lourd de l'étranger retentit sur les marches de l'escalier intérieur.

Grâce aux soupçons du sergent, l'apparition de ce personnage devenait un événement plein d'intérêt.

Les visages de Jacqueline et du sergent offrirent tout à coup une expression si bizarre que la dame, rapportant, comme toutes les personnes qui aiment, l'effroi du couple à son protégé, fut saisie d'une crainte vague, et attendit avec une sorte d'inquiétude le dénoûment de ce soudain mystère.

L'étranger resta un instant sur le seuil de la porte à examiner les trois personnes qui étaient dans la salle, en paraissant y chercher son compagnon. Le regard qu'il leur jeta, tout insouciant qu'il fût, remua puissamment les cœurs. Il était vraiment impossible, même à un homme ferme, de ne pas avouer que la nature avait départi des pouvoirs exorbitans à cet être surnaturel.

Quoique ses yeux fussent assez profondément enfoncés sous les grands arceaux dessinés par ses sourcils, ils étaient, comme ceux d'un milan, enchâssés dans des paupières si larges et bordés d'un cercle noir si vivement marqué sur le haut de sa joue, que leurs globes semblaient être en saillie. Le feu de cet œil magique avait je ne sais quoi de despotique et de perçant qui saisissait l'âme. C'était un regard pesant et plein de pensées, un regard brillant et lucide comme celui des serpens ou des oiseaux, mais qui stupéfiait, qui écrasait, par la communication trop vive d'un immense malheur ou d'une puissance surhumaine.

Puis, dans cet homme, tout était en harmonie avec ce regard de plomb et de feu, fixe et mobile, sévère et calme. Si, dans ce grand œil d'aigle, les agitations terrestres semblaient en quelque sorte éteintes, le visage portait aussi les traces de malheureuses passions et d'événemens accomplis. Il était maigre et sec. Le nez tombait droit et se prolongeait de telle sorte que les narines paraissaient le retenir. Tous les os de la face étaient nettement accusés, et des rides droites et longues en creusaient les joues décharnées. Vous eussiez dit le lit d'un torrent desséché, mais où la violence de l'ouragan était attestée par la profondeur des sillons, qui trahissaient quelque lutte horrible, éternelle. Deux larges plis, partant de chaque côté de son nez, semblables à la trace laissée par les rames d'une barque sur les ondes, accentuaient fortement son visage, en donnant à sa bouche ferme et sans sinuosités un caractère d'amère tristesse. Enfin, tout ce qui formait un creux dans sa figure paraissait sombre ; mais son front tranquille s'élançait avec une sorte de hardiesse et couronnait ce visage comme d'un monument de marbre.

Il gardait cette attitude intrépide et sérieuse que contractent les hommes habitués au malheur, et faits par la nature pour affronter avec impassibilité une foule furieuse, un danger imminent, pour tout regarder en face. Il semblait se mouvoir dans une sphère à lui, d'où il planait au dessus de l'humanité. Comme son regard, son geste était d'une irrésistible puissance; il fallait baisser les yeux quand les siens plongeaient sur vous, ou trembler quand sa parole et son action s'adressaient à votre âme. Il marchait entouré d'une majesté silencieuse et terrible; ses mains décharnées étaient celles d'un guerrier; et vous l'auriez pris pour un despote sans gardes, pour un dieu sans rayons.

Son costume ajoutait encore à toutes les idées que faisaient naître les singularités de sa démarche ou de sa physionomie, et complétait admirablement cet être surprenant, de sorte que l'âme, le corps et l'habit s'harmoniaient de manière à impressionner les imaginations les plus froides.

L'étranger portait une espèce de surplis en drap noir, sans manches, qui s'agrafait par devant et descendait jusqu'à mi-jambe, en lui laissant le cou nu et sans rabat. Son justaucorps et ses bottines étaient noirs. Il avait sur la tête une calotte en velours, semblable à celle d'un prêtre, et qui traçait une ligne circulaire au dessus de son front sans qu'un seul cheveu s'en échappât. C'était le deuil le plus rigide et l'habit le plus sombre dont un homme pût être revêtu. Sans une longue épée qui pendait à son côté, soutenue par un ceinturon de cuir, et que l'on apercevait à la fente du surtout noir, un ecclésiastique l'eût salué comme un frère. Quoiqu'il fût de taille moyenne, il paraissait grand, surtout quand on ne regardait que son visage.

— L'heure a sonné !... la barque attend ! Ne viendrez-vous pas ?

Ces paroles, prononcées en mauvais français, retentirent dans le silence grave qui régnait alors.

A ces mots, un léger frémissement se fit entendre dans l'autre chambre; et tout à coup, descendant l'escalier comme un oiseau, le jeune homme apparut.

Quand il se montra, le visage de la dame s'empourpra, elle trembla, tressaillit, et se fit un voile de ses mains blanches.

Toute femme eût partagé cette émotion profonde en contemplant un homme de vingt ans environ, mais dont la taille et les formes étaient si frêles qu'au premier coup d'œil vous eussiez cru voir un enfant ou quelque jeune fille déguisée. Son chaperon noir, semblable au béret des Basques, laissait apercevoir un front blanc comme de la neige, où la grâce et l'innocence étincelaient, exprimant une suavité divine, reflet d'une âme pleine de foi naïve; et l'imagination des poëtes aurait voulu y chercher cette étoile que, dans je ne sais quel conte, une mère pria la fée-marraine d'empreindre sur le front de son enfant abandonné, comme Moïse au gré des flots. Il y avait de l'amour dans les milliers de boucles blondes qui retombaient sur ses épaules. Son cou était blanc et d'une admirable rondeur, véritable cou de cygne! Ses yeux bleus, pleins de vie, limpides, semblaient réfléchir le ciel. Il avait un regard enivrant; puis, les traits de son visage, la coupe, le teint, étaient d'un fini, d'une délicatesse à ravir un peintre. La fleur de beauté qui nous émeut si puissamment sur les figures de femme, cette exquise pureté dans les lignes, cette lumineuse auréole posée sur des traits adorés, se mariaient à des teints mâles, à une puissance, à une fermeté, qui formaient de délicieux contrastes. C'était enfin un de ces visages mélodieux qui, muets, nous parlent, nous attirent; et lui, un de ces êtres privilégiés auxquels la nature a donné le pouvoir de plaire par leur simple aspect. Cependant, en le contemplant avec un peu d'attention, vous auriez peut-être reconnu cette espèce de flétrissure que nous imprime une grande pensée ou la passion, dans la vierge blancheur de la peau, et dans une verdeur mate qui faisait ressembler sa charmante figure à une jeune feuille dépliant au soleil ses tendres linéamens.

Aussi, jamais opposition ne fut plus brusque et plus vive que celle offerte par la réunion de ces deux êtres.

Il semblait voir un gracieux et faible arbuste né dans le creux d'un vieux saule, dépouillé par le temps, sillonné par la foudre, décrépit, un de ces saules majestueux, l'admiration des peintres, des poëtes. Le timide arbrisseau s'y met à l'abri des orages.

L'un était un dieu, l'autre un ange : celui-ci, le poëte qui sent; celui-là, le poëte qui traduit : enfin c'étaient le prophète souffrant et le lévite en prières.

Ils passèrent en silence et sans saluer.

— Avez-vous vu comme il l'a sifflé?.... s'écria le sergent de ville au moment où les pas des deux étrangers ne s'entendirent plus sur la grève. N'est-ce point un diable avec son page?...

— Ouf!... répondit Jacqueline, j'étais oppressée. Jamais je ne les avais examinés si attentivement. Est-ce malheureux, pour nous autres femmes, que le démon puisse prendre un aussi gentil visage!...

— Oui, jette-lui de l'eau bénite, s'écria Tirechair, et tu le verras se changer en crapaud... Je vais aller tout dire à l'officialité.....

A ce mot, la dame, se réveillant de la rêverie dans laquelle elle était plongée, regarda le sergent, qui déjà mettait sa casaque bleue et rouge :

— Où courez-vous ?... dit-elle.

— Mais... informer la justice que nous logeons des sorciers, bien à notre corps défendant.

L'inconnue se prit à sourire.

— Je suis la comtesse Mahaut!... dit-elle en se levant avec une dignité qui rendit le sergent tout pantois.

— Gardez-vous, reprit-elle, de faire la plus légère peine à vos hôtes. Honorez surtout le vieillard. Je l'ai vu chez le roi votre seigneur, qui l'a courtoisement accueilli. Vous seriez mal avisé de lui causer le moindre encombre.

Quant à mon séjour chez vous, n'en sonnez mot !... — si vous aimez à vivre en paix...

La comtesse se tut et retomba dans sa méditation ; mais, relevant bientôt la tête, elle fit un signe à Jacqueline ; et, toutes deux, montèrent alors à la chambre de Godefroy.

La belle comtesse regarda le lit, les *chaires* de bois, le bahut, les tapisseries, la table, avec un bonheur semblable à celui du banni qui contemple, en rentrant, les toits pressés de sa ville natale, assise au pied d'une colline.

— Si tu ne m'as pas trompée, dit-elle à Jacqueline, je te promets cent écus d'or...

— Tenez, madame, répondit l'hôtesse, le pauvre ange est sans méfiance, et voici tout son bien !...

Disant cela, Jacqueline ouvrait un tiroir de la table, et montrait quelques parchemins.

— O Dieu de bonté ! s'écria la comtesse en saisissant un contrat qui attira soudain son attention, et où elle lut :

— *Gothofredus comes Gantiacus !*

Elle laissa tomber le parchemin, passa la main sur son front ; et, se trouvant sans doute compromise en faisant ainsi voir son émotion à Jacqueline, elle reprit une contenance froide.

— Je suis contente!... dit-elle.

Puis elle descendit et sortit de la maison.

Le sergent et sa femme, s'étant mis sur le seuil de leur porte, lui virent prendre le chemin du port. Un bateau se trouvait amarré près de là. Quand le frémissement du pas de la comtesse put être entendu, un marinier se leva soudain, aida la belle ouvrière à s'asseoir sur un banc, et rama de manière à faire voler le bateau comme une hirondelle, en aval de la Seine.

— Es-tu bête?... dit Jacqueline en frappant familièrement sur l'épaule du sergent. Nous avons gagné ce matin cent écus d'or!...

— Je n'aime pas plus à loger des seigneurs que des sorciers. Je ne sais qui des uns ou des autres nous mènent plus vitement au gibet... répondit Tirechair en prenant sa hallebarde.

— Je vais, reprit-il, aller voir du côté de Champfleuries si la lisière est toujours pire que le drap... Ah! que Dieu nous protége, et me fasse rencontrer quelque Galloise ayant mis ce soir ses anneaux d'or pour briller dans l'ombre comme un ver luisant!...

Jacqueline, restée seule au logis, monta précipitamment dans la chambre du seigneur inconnu, pour tâcher d'y trouver quelques renseignemens sur cette mystérieuse affaire. Semblable à ces savans qui se donnent des peines infinies pour compliquer les principes clairs et simples de la nature, elle avait déjà bâti un roman informe qui lui servait à expliquer la réunion de ces trois personnages sous son pauvre toit. Elle fouilla le bahut, examina tout, et ne put rien découvrir d'extraordinaire : seulement elle vit sur la table une écritoire et quelques feuilles de parchemin ; mais comme elle ne savait pas lire, cette trouvaille ne pouvait lui rien apprendre.

Un sentiment de femme la ramenant dans la chambre du beau jeune homme, elle aperçut par la croisée ses deux hôtes qui traversaient la Seine dans le bateau du passeur.

— Ils sont comme deux statues!... se dit-elle. — Ah! ah! ils abordent devant la rue du Fouarre! — Est-il leste le petit mignon!... Il a sauté à terre comme un bouvreuil... Près de lui, le vieux ressemble à une cathédrale... Ils vont à l'ancienne école des Quatre-Nations.... Prest!... je ne les vois plus.

— C'est là qu'il respire, ce pauvre chérubin! ajouta-t-elle en regardant les meubles de la chambre. Est-il galant et plaisant! Ah! ces seigneurs, c'est autrement fait que nous.

Et Jacqueline descendit après avoir passé la main sur la couverture du lit, épousseté le bahut, et s'être demandé pour la centième fois depuis six mois :

— A quoi diable passe-t-il toutes ses saintes journées?... Il ne peut pas toujours regarder dans le bleu du temps et dans les étoiles que Dieu a mises là-haut!... Ce cher enfant a du chagrin... Mais pourquoi le vieux maître et lui ne se parlent-ils presque point?

Puis, elle se perdit dans ses pensées, qui, dans sa cervelle de femme, se brouillaient comme un écheveau de fil.

II.

LE DOCTEUR EN THÉOLOGIE MYSTIQUE.

Le vieillard et le jeune homme étaient entrés en effet dans une des écoles qui rendaient à cette époque la rue du Fouarre si célèbre en Europe.

L'illustre Sigier, le plus fameux docteur en théologie mystique de l'Université de Paris, montait à sa chaire au moment où les deux locataires de Jacqueline arrivèrent à l'ancienne école des Quatre-Nations, dans une grande salle basse, de plain-pied avec la rue.

Les dalles froides étaient garnies de paille fraîche sur laquelle un bon nombre d'étudians avaient tous un genou appuyé, et l'autre relevé, pour sténographier l'improvisation du maître à l'aide de ces abréviations qui font le désespoir de nos modernes déchiffreurs.

La salle était pleine, non-seulement d'écoliers, mais encore des hommes les plus distingués du clergé, de la cour et de l'ordre judiciaire. Il y avait des savans étrangers, des gens d'épée et de riches bourgeois.

Là se rencontraient ces faces larges, ces fronts protubérans, ces barbes vénérables qui nous inspirent une sorte de religion pour nos ancêtres à l'aspect des portraits du moyen âge. Des visages maigres aux yeux brillans et enfoncés, surmontés de crânes jaunis dans les fatigues d'une scolastique impuissante, la passion favorite du siècle, contrastaient avec de jeunes têtes ardentes, avec des hommes graves, avec des figures guerrières, avec les faces rubicondes de quelques financiers.

Ces leçons, ces dissertations, ces thèses soutenues par les génies les plus brillans du

treizième et du quatorzième siècle, excitaient
l'enthousiasme de nos pères. Elles étaient leurs
combats de taureaux, leurs Italiens, leur tragédie, leurs grands danseurs, tout leur théâtre enfin; car les mystères ne vinrent même
qu'après ces luttes spirituelles. Alors donc,
une éloquente inspiration qui réunissait l'attrait de la voix humaine habilement maniée,
les subtilités de l'éloquence, et des recherches
hardies dans les secrets de Dieu, satisfaisait
à toutes les curiosités, émouvait les âmes, et
composait le spectacle à la mode.

Alors, la théologie résumait toutes les
sciences; elle était la science même, et ouvrait un fécond avenir à ceux qui se distinguaient dans ces duels où, comme Jacob, les
orateurs combattaient avec l'esprit de Dieu.
Les ambassades, les arbitrages entre les souverains, les chancelleries, les dignités ecclésiastiques, appartenaient aux hommes dont
la parole était devenue puissante par l'habitude des controverses théologiques. C'était la
tribune de l'époque. Ce système vécut jusqu'au
jour où Rabelais immola l'*ergotisme* sous ses
terribles moqueries, comme Cervantes tua la
chevalerie avec une comédie écrite.

Pour comprendre ce siècle extraordinaire, l'esprit qui en dicta les chefs-d'œuvre, et même la barbarie, il suffit d'étudier les constitutions de l'Université de Paris et d'examiner l'enseignement bizarre qui était alors en vigueur.

La théologie se divisait en deux facultés : celle de *théologie* proprement dite, et celle de *décret*.

La faculté de théologie avait trois sections : la scolastique, la canonique et la mystique.

Il serait fastidieux d'expliquer les attributions de ces diverses parties de la science, puisqu'une seule nous intéresse.

Donc la THÉOLOGIE MYSTIQUE embrassait les *révélations* et l'explication des *mystères*.

Cette branche de l'ancienne théologie est la seule qui soit restée en honneur parmi nous. Jacob Bœhm, Swedenborg, Saint-Martin ; mesdames Guyon, Bourignon et Krudener ; la grande secte des extatiques, celle des illuminés, ont, à diverses époques, dignement conservé les doctrines de cette science, dont le but a quelque chose d'effrayant et de gigantesque. Aujourd'hui, comme au temps du docteur Sigier, il s'agit de donner à l'homme des ailes pour pénétrer dans le sanctuaire où Dieu se cache à nos regards.

Cette digression était nécessaire pour l'intelligence de la scène à laquelle le vieillard et le jeune homme partis du *terrain* Notre-Dame venaient assister. Puis elle nous défendra de tout reproche. Quelques personnes hardies à juger auraient pu nous accuser d'un poétique mensonge et nous taxer d'hyperbole.

Le docteur Sigier était un grand homme, dans la force de l'âge. Sa figure, sauvée de l'oubli par les fastes universitaires, offrait de frappantes analogies avec celle de Mirabeau. Elle était marquée du sceau de l'éloquence, impétueuse, animée, terrible; mais le docteur avait, sur le front, les signes d'une croyance religieuse et d'une ardente foi qui manquèrent à son successeur; enfin sa voix possédait de plus une douceur persuasive, un timbre éclatant et flatteur.

En ce moment, le jour que les fenêtres à petits vitraux garnis de plomb répandaient avec parcimonie, colorait cette assemblée de teintes capricieuses, créant çà et là des contrastes curieux par les oppositions, par les mélanges d'une lumière douce, avec de visibles ténèbres. Ici des yeux étincelaient en des coins bruns; là de noires chevelures étaient caressées par des rayons, et semblaient lumineuses au dessus de visages ensevelis dans l'ombre ; puis quelques crânes blancs apparaissaient au milieu d'un clair obscur, comme des créneaux argentés par la lune, dans une douce nuit; mais toutes ces têtes, tournées vers le docteur, restaient muettes, impatientes. Les voix monotones des autres professeurs, dont les écoles étaient voisines, retentissaient seules dans la rue silencieuse.

Alors, les pas des deux inconnus, qui arrivaient en ce moment, attirèrent l'attention ; et le docteur Sigier, prêt à prendre la parole, voyant le majestueux vieillard debout, lui chercha de l'œil une place. N'en trouvant pas, tant la foule était grande, il descendit de sa tribune, vint à lui d'un air respectueux, et le fit asseoir sur l'escalier de la chaire, en lui prêtant son escabeau.

L'assemblée accueillit cette faveur par un long murmure d'approbation, en reconnaissant dans le vieillard le héros d'une admirable thèse récemment soutenue à la Sorbonne. Quand l'inconnu fut placé, qu'il jeta sur l'auditoire au dessus duquel il planait ce puissant et profond regard qui racontait tout un poëme de malheurs et de mélancolies, plus d'une âme éprouva d'indéfinissables tressaillemens.

L'enfant, épousant le sort de l'inconnu, s'assit sur une des marches, et s'appuya contre la chaire, dans une pose ravissante de grâce et de tristesse.

Alors le silence devint profond, et le seuil de la porte, la rue même furent obstrués en peu d'instans par une foule d'écoliers qui désertèrent les autres classes.

Le docteur Sigier devait résumer, en un dernier discours, les théories qu'il avait données sur la résurrection, sur le ciel et l'enfer, dans ses leçons précédentes.

Sa curieuse doctrine répondait aux sympathies de l'époque, et satisfaisait à ces désirs immodérés du merveilleux qui tourmentent les hommes à tous les âges du monde. Cet effort exorbitant de l'homme pour saisir un infini qui échappe sans cesse à ses mains débiles, ce dernier assaut de la pensée avec elle-même, était une œuvre digne d'une assemblée où brillaient alors toutes les lumières de ce siècle, où scintillait peut-être la plus vaste des imaginations humaines.

D'abord, le docteur rappela simplement, d'un ton doux et sans emphase, les principaux points précédemment établis.

Aucune intelligence ne se trouvait égale à une autre.

L'homme était-il en droit de demander compte à son créateur de l'inégalité des forces morales données à chacun?

Sans vouloir pénétrer tout à coup les desseins de Dieu, ne devait-on pas reconnaître, en fait, que, par suite de leurs dissemblances générales, les intelligences se divisaient en de grandes sphères?

Depuis la sphère où brillait le moins d'intelligence jusqu'à celle où les âmes arrivaient à une vue translucide, n'existait-il pas une gradation réelle de spiritualité?

Les esprits appartenant à une même sphère ne s'entendaient-ils pas fraternellement, en âme, en chair, en pensées, en sentimens?.....

Là, le docteur développait de merveilleuses théories, relatives aux sympathies, expliquant dans un langage biblique tous les phénomènes de l'amour, les répulsions instinctives, les pressentimens, les attractions vives qui méconnaissent les lois de l'espace, les cohésions soudaines des âmes qui semblent se reconnaître. Puis, quant aux divers degrés de force dont nos amitiés, nos haines et nos affections étaient susceptibles, il les résolvait par la place plus ou moins rapprochée du centre que les êtres occupaient dans leurs cercles respectifs.

Alors, il révélait sophistiquement une grande pensée de Dieu dans la coordonation des différentes sphères humaines.

Par l'homme, elles créaient, disait-il, un monde intermédiaire entre l'intelligence de la brute et l'intelligence des anges.

Les successives transformations de chrysalide que Dieu imposait ainsi à nos âmes, et cette espèce de vie infusoire qui, d'une zone à l'autre, se communiquait toujours plus vive, plus spirituelle, plus clairvoyante, développait confusément, mais assez merveilleusement peut-être pour ses auditeurs inexpérimentés, le mouvement imprimé par le Très-Haut à toute la nature.

Secouru par les passages des livres sacrés, dont il se servait pour se commenter lui-même, pour exprimer par des images sensibles et saillantes les raisonnemens abstraits qui lui manquaient, il secouait l'esprit de Dieu, comme une torche, à travers les profondeurs de la création, avec une impétueuse éloquence qui lui était propre et dont les accens sollicitaient la conviction de son auditoire.

Ainsi, déroulant ce système mystérieux dans toutes ses conséquences, il donnait la clef de tous les symboles, justifiant les vocations, les dons particuliers, les génies, les talens humains.

Devenant tout à coup physiologiste par instinct, il rendait compte des ressemblances animales inscrites sur les figures humaines, par des analogies avec nos origines primordiales et par le mouvement ascendant de toute la création. Il vous faisait assister au jeu de la nature, assignant une mission, un avenir à la plante, aux minéraux, à l'animal. La Bible à la main, après avoir spiritualisé la matière et matérialisé l'esprit, après avoir fait entrer la volonté de Dieu en tout, et imprimé du respect pour ses moindres œuvres, il admettait la possibilité de parvenir par la foi d'une sphère à une autre.

Telle était la première partie de son discours,

dont il appliquait, par d'adroites digressions, les doctrines au système de la féodalité. La poésie religieuse et profane, l'éloquence abrupte du temps, avaient une large carrière dans cette immense théorie, où venaient se fondre tous les systèmes philosophiques de l'antiquité.

Armé des démonstrations mystiques du monde réel, le docteur Sigier construisait un autre monde intermédiaire, dont les sphères graduellement élevées nous séparaient de Dieu, comme la plante était éloignée de nous par une infinité de cercles à franchir.

Alors il peuplait le ciel, les étoiles, les astres, le soleil... Au nom de saint Paul, il investissait les hommes d'une puissance nouvelle. Il leur était permis de monter, de monde en monde, jusqu'aux sources de la vie. L'échelle mystique de Jacob était la formule religieuse de ce secret divin et la preuve traditionnelle du fait.

Alors, il voyageait dans les espaces, entraînant les âmes passionnées sur les ailes de sa parole, faisant sentir l'infini à ses auditeurs, et les plongeant dans l'océan céleste, comme, de nos jours, Gœthe, dans *Faust*, lord Byron, dans *Manfred*, ont essayé de le faire; car les tentatives désespérées de notre moderne poésie sont nécessaires à l'intelligence des efforts bizarres de l'esprit humain en ces temps de barbarie.

Alors, il expliquait logiquement l'enfer par d'autres cercles, en ordre inverse des sphères brillantes qui aspiraient à Dieu, et où la souffrance remplaçait la lumière et l'esprit. Les tortures se comprenaient comme les délices. Les termes de comparaison se rencontraient dans les transitions de notre vie humaine, dans ses diverses atmosphères de douleur et d'intelligence. Ainsi les fabulations les plus extraordinaires de l'enfer et du purgatoire se trouvaient naturellement réalisées.

Il déduisait admirablement les raisons fondamentales de nos vertus.

L'homme pieux, cheminant dans la pauvreté, fier de sa conscience, toujours en paix avec lui-même, et persistant à ne pas se mentir dans son cœur, malgré les spectacles du vice triomphant, était un ange puni, déchu, qui, se souvenant de son origine, et pressentant sa récompense, accomplissait sa tâche, obéissait à sa belle mission.

Les sublimes résignations du christianisme

apparaissaient alors dans toute leur gloire. Il mettait les martyrs sur leurs bûchers ardens, et les dépouillait presque de leurs mérites, en les dépouillant de leurs souffrances, montrant l'ange *intérieur* dans les cieux, tandis que son écorce d'homme *extérieur* était entre les ferremens des bourreaux... Il montrait, il peignait, il faisait reconnaître à des signes célestes, à des beautés privilégiées, des anges parmi les hommes, comme il en existait au-dessus des hommes...

Alors, il allait arracher, dans les entrailles de l'entendement, le véritable sens du mot *chute*, qui se retrouve en tous les langages. Il revendiquait les plus futiles traditions, afin de démontrer la vérité de notre origine, expliquant avec une incroyable lucidité la passion que tous les hommes ont de s'élever, de monter, ambition instinctive, révélation perpétuelle de notre destinée.

Il faisait épouser d'un regard l'univers entier, et montrait la substance de Dieu même, coulant à pleins bords comme un fleuve immense, du centre aux extrémités, des extrémités vers le centre. La nature était une et compacte ; et dans l'œuvre la plus chétive en apparence, comme dans la plus vaste, tout obéissait à cette loi. Chaque création en reproduisait, en petit, une image exacte, soit la sève de la plante, soit le sang de l'homme ou le cours des astres.

Il entassait preuve sur preuve, configurant toujours sa pensée par un tableau plein d'harmonie, mélodieux de poésie, ravissant de grâce.

Il marchait, du reste, hardiment au devant des objections.

Ainsi lui-même foudroyait, sous une éloquente interrogation, les monumens de nos sciences et toutes les superfétations humaines, pour lesquelles les sociétés s'emparaient des élémens du monde terrestre. Il demandait si nos guerres, si nos malheurs, si nos dépravations empêchaient le grand mouvement imprimé par Dieu à tous les mondes?... Et alors, il faisait rire de l'impuissance humaine. Il montrait nos efforts effacés partout. Il évoquait les mânes de Tyr, de Carthage, de Babylone, ordonnant à Babel, à Jérusalem, de comparaître; et, il y cherchait, sans les trouver, les sillons éphémères de notre charrue... L'humanité flottait sur le monde, comme un vaisseau dont le sillage, quelque profond qu'il puisse être, disparaît sous le niveau paisible de l'Océan.

Telles étaient les idées fondamentales du discours prononcé par le docteur Sigier, idées qu'il enveloppa dans le langage mystique et le latin bizarre en usage à cette époque. Les Écritures, dont il avait fait une étude particulière, lui fournissaient les armes sous lesquelles il apparaissait à son siècle pour en presser la marche. Il couvrait, comme d'un manteau, sa hardiesse sous un grand savoir; sa philosophie, sous la sainteté de ses mœurs.

En ce moment, après avoir mis son audience face à face avec Dieu, après avoir fait tenir le monde dans une pensée, et dévoilé presque la pensée du monde, il contempla l'assemblée silencieuse, palpitante. Alors, il interrogea l'étranger par un regard; et, sans doute aiguillonné par la présence de cet être singulier, il ajouta ces paroles, que nous avons dégagées de la latinité corrompue du moyen âge :

— Où croyez-vous que l'homme puisse prendre ces vérités fécondes, si ce n'est au sein de Dieu même? Que suis-je? Le faible traducteur d'une seule ligne léguée par le plus puissant des apôtres, une seule ligne entre mille aussi brillantes de lumière.

Avant nous tous, saint Paul avait dit : *In Deo vivimus, movemus et sumus.* Nous vivons, nous sommes, nous marchons dans Dieu même.

Aujourd'hui, moins croyans et plus savans, ou moins instruits et plus incrédules, nous demanderions à l'apôtre à quoi bon ce mouvement perpétuel? Où va cette vie distribuée par zones? Pourquoi cette intelligence qui commence par les perceptions confuses du marbre, et va, de sphère en sphère, jusqu'à l'homme, jusqu'à l'ange, jusqu'à Dieu? Où est la source, où est la mer?... Si la vie, arrivée à Dieu à travers les mondes et les étoiles, à travers la matière et l'esprit, redescend vers un autre but?... Vous voudriez voir l'univers des deux côtés. Vous adoreriez le souverain, à condition de vous asseoir sur son trône un moment. Insensés que nous sommes! Nous refusons aux animaux les plus intelligens le don de comprendre nos pensées et le but de nos actions; nous sommes sans pitié pour nos sphères inférieures ; nous les chassons de notre monde ; nous leur dénions la faculté de deviner la pensée humaine, et nous voudrions connaître la plus élevée de toutes les idées !... l'idée de l'idée ! Eh bien ! allez ! partez ! montez par la foi de globe en globe !... Volez dans les espaces ! La pensée, l'amour et la foi en sont les clefs mystérieuses ! Traversez les cercles, parvenez au trône. Dieu est plus clément que vous ne l'êtes ! Il a ouvert son temple à toutes ses créations ; mais n'oubliez pas l'exemple de Moïse ! Déchaussez-vous pour entrer dans le sanctuaire, dépouillez-vous de toute souillure, quittez bien complétement votre corps, car Dieu !... Dieu, — c'est la lumière !...

Au moment où le docteur Sigier, la face ardente, la main levée, prononçait cette grande parole, un rayon de soleil pénétra par un vitrail ouvert, et fit jaillir, comme par magie, une source brillante, une longue et triangulaire bande d'or, qui revêtit l'assemblée comme d'un lumineux linceul.

Aussitôt toutes les mains battirent, et les assistans acceptèrent cet effet du soleil couchant comme un miracle.

Un cri unanime s'éleva :

— *Vivat! vivat!...*

Le ciel lui-même semblait applaudir.

Godefroy, saisi de respect, regardait tour à tour le vieillard et le docteur Sigier, qui se parlaient à voix basse.

— Gloire au maître!... disait l'étranger.

— Qu'est-ce qu'une gloire passagère? répondait Sigier.

— Je voudrais éterniser ma reconnaissance, répliqua le vieillard...

— Eh bien! une ligne de vous, reprit le docteur, me sera sans doute précieuse dans l'avenir...

— Hé! peut-on donner ce qu'on n'a point?... s'écria l'inconnu.

Accompagnés par la foule qui se pressait sur leurs pas, en laissant entre elle et ces trois personnages une respectueuse distance, semblable à des courtisans autour de leurs rois, Godefroy, le vieillard et Sigier marchèrent vers la rive fangeuse, où alors il n'y avait point encore de maisons, et où le passeur les attendait.

Le docteur et l'étranger ne s'entretenaient ni en latin ni en langue gauloise; ils parlaient gravement un langage inconnu; mais leurs mains s'adressaient tour à tour aux cieux et à la terre; et plus d'une fois Sigier, à qui les détours du rivage étaient familiers, guidait, avec un soin particulier, le vieillard vers les planches étroites jetées comme des ponts sur la boue. L'assemblée les épiait avec curiosité, et quelques écoliers enviaient le privilége du jeune enfant qui suivait ces deux souverains de la parole.

Enfin le docteur salua le vieillard, et vit partir la *toue* svelte et légère du passeur...

Au moment où le bateau flotta doucement au milieu de la vaste étendue de la Seine en imprimant à l'âme de délicieuses secousses, la lune qui se levait rouge et radieuse, semblable à un incendie allumé à l'horizon, jeta ses rayons à travers les crevasses de quelques nuages, versa sur les campagnes des torrens de lumière, colora de ses tons rouges, de ses reflets bruns, les cimes d'ardoises et les toits de chaume, borda de feu les tours de Philippe-Auguste, imprima sur les maisons une couche d'or, inonda les cieux, teignit les eaux, fit resplendir les herbes, réveilla les insectes à moitié endormis... Cette longue gerbe de lumière embrasa les nuages... C'était comme le premier vers de son hymne... Tout cœur devait tressaillir ; car alors la nature fut sublime.

L'étranger, ayant contemplé ce spectacle, la plus faible de toutes les larmes humaines, excitée par de puissans souvenirs, humecta ses paupières.

Godefroy pleurait aussi en admirant le ciel; mais sa main palpitante ayant rencontré celle du vieillard, celui-ci se retourna et lui laissa voir son émotion. Alors, trouvant sans doute sa dignité d'homme compromise, il lui dit d'une voix profonde :

— Je pleure mon pays !...

— Je suis banni, reprit-il, banni !... Ah ! jeune homme, à cette heure même j'ai quitté ma patrie... Mais là-bas, à cette heure, les lucioles sortaient de leurs frêles demeures et se suspendaient, comme autant de diamans, aux rameaux des glaïeuls; à cette heure, la brise était douce comme la plus douce poésie; elle s'élevait d'une vallée trempée de lumière, exhalant de suaves parfums. A l'horizon, et semblable à la *Jérusalem* céleste, je voyais une ville d'or, une ville dont je ne puis prononcer le nom !... Là serpentait aussi une rivière...

Cette ville, ce fleuve, dont les monumens, dont les ravissantes perspectives, dont les nappes d'eau bleuâtres se confondaient, se mariaient, se dénouaient... lutte harmonieuse qui réjouissait ma vue, m'inspirait l'amour, où sont-ils?... A cette heure les ondes prenaient, sous le ciel lumineux du couchant, des teintes fantastiques et figuraient de capricieux tableaux. Les étoiles distillaient une lumière caressante ; la lune tendait partout ses piéges gracieux, et donnait une autre vie aux arbres, aux couleurs, aux formes. Elle allait diversifiant les eaux brillantes, les collines muettes, animant le rochers, les édifices..... Les lueurs s'allumaient alors dans les châteaux de mon pays !... mon pays, mon amour, auxquels je disais adieu !... La ville parlait, scintillait et me rappelait. Des colonnes de fumée se dressaient auprès des colonnes antiques dont les marbres étincelaient de blancheur au sein de la nuit. Les lignes de l'horizon se dessinaient encore à travers les vapeurs du soir... Tout était harmonie, mystère. La nature ne me disait pas adieu, elle voulait me garder. Ah ! c'était ma mère et mon enfant, mon épouse et ma gloire, et les cloches elles-mêmes pleuraient alors ma proscription. O terre merveilleuse! elle est plus belle que le ciel!... Depuis cette heure, j'ai eu l'univers pour cachot... O ma patrie!... pourquoi m'as-tu proscrit!...

— Mais j'y triompherai!... s'écria-t-il en jetant ce mot avec un tel accent de conviction, un timbre si éclatant que le batelier tressaillit, croyant entendre le son d'une trompette.

Le vieillard était debout, dans une attitude prophétique, et regardait dans les airs vers le sud, en montrant sa patrie du doigt à travers les régions du ciel. La pâleur ascétique de son visage avait fait place à la rougeur du triomphe, ses yeux scintillaient, et il était sublime comme un lion hérissant sa crinière.

— Et toi, pauvre enfant!... reprit-il en regardant Godefroy, dont les joues étaient bordées par un chapelet de gouttes brillantes, as-tu donc comme moi étudié la vie sur des pages sanglantes? Pourquoi pleurer? Que peux-tu regretter à ton âge?...

— Hélas! dit Godefroy, une patrie plus belle que toutes les patries de la terre, une patrie que je n'ai point vue, et dont j'ai souvenir... Oh! si je pouvais fendre les espaces à plein vol...

L'étranger tressaillit vivement à ces paroles. Puis, arrêtant son regard lourd sur le jeune homme, il le fit taire. Alors tous deux, s'entretenant dans un fécond silence, par une inexplicable effusion d'âme, en écoutant leurs yeux, voyagèrent fraternellement, comme deux colombes qui parcourent les cieux d'une même aile, jusqu'au moment où la barque, touchant le sable du Terrain, les tira de leur profonde rêverie.

Ensevelis tous deux dans leurs pensées, ils marchèrent en silence vers la maison du sergent.

— Ainsi, disait en lui-même le grand étranger, ce pauvre petit se croit un ange banni du ciel!... Et qui, parmi nous, aurait le droit de le détromper?... Sera-ce moi?... Moi qui suis enlevé si souvent par un pouvoir magique loin de la terre... Moi qui appartiens à Dieu... Moi qui suis pour moi-même un mystère... N'ai-je donc pas vu le plus beau des anges vivant dans cette boue?... Cet enfant est-il donc plus ou moins insensé que moi? A-t-il fait un pas plus hardi dans la foi?... Il croit !... Sa croyance le conduira sans doute en quelque sentier lumineux semblable à celui dans lequel je marche... Mais, s'il est beau comme un ange, il est bien faible encore pour de si rudes combats !...

Mais, l'enfant, intimidé par la présence de son compagnon, dont la voix foudroyante lui exprimait ses propres pensées comme l'éclair traduit les volontés du ciel, se contentait de regarder les étoiles avec les yeux d'un amant, accablé par un luxe de sensibilité qui lui écrasait le cœur. Il était là, faible et craintif comme un moucheron inondé de soleil. Ces deux beaux êtres comprenaient, Godefroy, la force; et le vieillard, la faiblesse. La voix céleste de Sigier leur avait déduit les mystères du monde moral; le grand vieillard devait les revêtir de gloire, l'enfant les sentir; et, tous trois, ils transfiguraient, par de vivantes, par de nobles images, la Science, la Poésie et le Sentiment.

En rentrant au logis, l'étranger s'enferma dans sa chambre, alluma sa lampe inspiratrice; et, se confiant au terrible démon du travail, il demanda des mots au silence, des idées à la nuit.

Godefroy s'assit au bord de sa fenêtre, regarda tour à tour les reflets de la lune dans les eaux, étudia les mystères du ciel ; et, livré à l'une de ces extases qui lui étaient familières, il voyagea de sphère en sphère, de visions en visions, écoutant et croyant entendre de sourds frémissemens, des voix d'anges ; voyant ou croyant voir des lueurs divines au sein desquelles il se perdait, essayant de parvenir au point éloigné, source de toute lumière, principe de toute harmonie.

Bientôt la grande clameur de Paris, portée au loin par les eaux de la Seine, s'apaisa, les lueurs s'éteignirent une à une dans les maisons. Bientôt le silence régna dans toute son étendue. La vaste cité s'endormit comme un géant fatigué, minuit sonna, et le plus léger bruit, même la chute d'une feuille ou le vol d'un *choucas* changeant de place dans les cimes de Notre-Dame, eussent rappelé l'esprit de l'étranger sur la terre, ou l'âme de l'enfant des hauteurs célestes...

En ce moment, le vieillard entendit avec horreur dans la chambre voisine le gémissement sinistre d'un mourant. Ce cri funèbre se confondit avec la chute d'un corps lourd ;

et, à la manière dont il tombait, l'oreille expérimentée du banni lui fit reconnaître un cadavre.

Il sortit précipitamment, entra chez Godefroy ; et là, il vit le pauvre enfant gisant comme une masse informe.

A la lueur de la lune, il aperçut au cou du jeune homme une longue corde qui serpentait à terre.

Il avait été pendu !...

III.

LE POÈTE.

Le grand vieillard releva lestement la créature d'amour et de grâce étendue à ses pieds; et, quand il eut dénoué la corde qui serrait ce joli cou de femme légèrement meurtri, l'enfant ouvrit les yeux. Et d'une voix douce :

— Où suis-je ?... demanda-t-il avec une expression de plaisir.

— Chez vous !... dit le vieillard en regardant, non sans une surprise mêlée de curiosité, le cou de Godefroy, la corde et le clou auquel elle avait été attachée, et qui se trouvait encore au bout.

— Dans le ciel?... répondit l'enfant d'une voix délicieuse.

— Oh! non... sur terre!... reprit le vieillard.

Godefroy marcha dans la ceinture de lumière fantastique tracée par la lune au travers de la chambre dont le vitral était ouvert; et alors il vit la Seine frémissante, les saules, les herbes du Terrain; puis la nuageuse atmosphère qui s'élevait au dessus des eaux comme un dais de fumée blanche.

A ce spectacle, pour lui désolant, il se croisa les mains sur la poitrine, et prit une attitude de désespoir.

Le vieillard vint à lui; et, l'étonnement peint sur la figure :

— Vous avez voulu vous tuer?... demanda-t-il.

— Oui... répondit Godefroy, laissant avec insouciance l'étranger lui passer à plusieurs reprises les mains sur le cou, pour examiner l'endroit où avaient porté les efforts de la corde.

En s'apercevant que, sauf de légères contusions, le jeune homme n'avait dû souffrir aucun mal, le vieillard présuma que le clou, peu solide, avait promptement cédé au poids du corps, et qu'alors, cette tentative de suicide s'était terminée par une chute peu dangereuse.

— Pourquoi donc, mon cher enfant, avez-vous tenté de mourir?... dit l'étranger.

— Ah! répondit Godefroy, retenant avec peine des larmes qui roulaient dans ses yeux, j'ai entendu la voix d'en haut!... Elle m'appelait par mon nom!... Oh! je la connais!... Elle ne m'avait pas encore nommé; mais, cette fois, elle me conviait au ciel!... Oh! quelle voix douce!...

— Ne pouvant pas m'élancer dans les cieux, reprit-il avec un geste naïf, j'ai pris pour aller à Dieu la seule route que nous ayons...

— Oh! enfant!... enfant sublime!... s'écria le vieillard en enlaçant Godefroy dans ses bras et le pressant avec enthousiasme sur son cœur; oh! tu es poëte!... Tu sais monter intrépidement sur l'ouragan!... Ta poésie, à toi, ne sort pas de ton cœur!... Tes vives, tes ardentes pensées, tes créations, marchent et grandissent dans ton âme. Va, ne livre pas tes pensées au vulgaire!... Sois l'autel, la victime et le prêtre tout ensemble!... Tu connais les cieux, est-ce pas?... Tu as vu ces myriades d'anges aux blanches plumes, aux sistres d'or, qui, tous, tendent d'un vol égal vers le trône?... Et tu as admiré souvent leurs ailes, qui, sous la voix de Dieu, s'agitent comme les touffes harmonieuses des forêts sous la tempête... Oh! que l'espace sans bornes est beau!... dis?...

Et le vieillard serrait convulsivement la main de Godefroy, pendant que tous deux contemplaient le firmament, dont les étoiles semblaient leur parler...

— Oh! voir Dieu! s'écria doucement Godefroy.

— Enfant! reprit tout à coup l'étranger d'une voix sévère, as-tu donc si vite oublié les enseignemens sacrés de notre bon maître le docteur Sigier?... Pour revenir, toi dans ta *patrie céleste*, et moi dans ma *patrie terrestre*, ne devons-nous pas obéir à la voix de Dieu?... Marchons avec résignation dans les rudes chemins où son doigt puissant a marqué notre route. Ne frémis-tu pas du danger auquel tu t'es exposé?... Appelé sans ordre, ayant dit : *Me voilà!*... avant le temps, ne serais-tu pas retombé dans un monde inférieur à celui dans lequel ton âme voltige aujourd'hui?... Oh! pauvre chérubin, ne devrais-tu pas bénir Dieu de t'avoir fait vivre dans une sphère où tu n'entends que de célestes accords?... N'es-tu pas pur comme le cristal, jeune et beau comme une fleur?... Ah! si, semblable à moi, tu ne connaissais que la cité des douleurs!... A m'y promener, je me suis usé le cœur... Oh! fouiller dans les tombes pour leur demander d'horribles secrets ; essuyer des mains altérées de sang, les compter toutes les nuits, les contempler toutes levées vers moi, implorant un pardon que je ne puis accorder!... Oh! étudier les convulsions de l'assassin, les derniers cris de la victime, écouter d'épouvantables bruits et d'affreux silences, le silence d'un père dévorant ses fils morts... interroger le rire des damnés, chercher quelques formes humaines parmi des masses décolorées, que le crime a roulées et tordues... apprendre des mots que les hommes vivans n'entendent pas sans mourir ; toujours évoquer les morts, pour toujours les juger, les épouser, les traduire... est-ce donc une vie?...

— Arrêtez, s'écria Godefroy; je ne saurais vous regarder, vous écouter davantage! Ma raison s'égare, ma vue s'obscurcit... Vous allumez en moi un feu qui me dévore...

— Il faut cependant que je parle! reprit le vieillard en levant, en secouant la main par un mouvement extraordinaire, qui produisit sur le jeune homme l'effet d'un charme.

Pendant un moment, l'étranger fixa sur Godefroy ses grands yeux éteints et abattus; puis il étendit le doigt vers la terre. Alors vous eussiez cru voir un gouffre entr'ouvert tout à coup à son commandement.

Il resta debout, éclairé par les indécis et vagues reflets de la lune, qui firent resplendir son front où éclata le ciel. Une espèce de lueur s'échappait de ses traits. D'abord une expression presque dédaigneuse se perdit dans les sombres plis de son visage; il paraissait rire de la terre; mais bientôt son regard contracta cette fixité qui semble indiquer la présence d'un objet invisible aux organes ordinaires de la vue; et certes ses yeux contemplaient alors les lointains tableaux que nous garde la tombe.

Jamais peut-être cet homme surprenant n'eut une apparence aussi fantastique. Une lutte terrible bouleversa son âme et vint réagir sur sa forme extérieure, qui, toute puissante qu'elle parût être, plia comme une herbe sous la brise messagère des orages...

Godefroy resta silencieux, immobile, enchanté. Une force inexplicable le clouait au plancher; et, comme lorsque notre attention nous arrache à nous-même, dans le spectacle d'un incendie ou d'une bataille, il ne sentait pas son propre corps.

— Veux-tu que je te dise la destinée au devant de laquelle tu marchais, pauvre ange d'amour?...

Ecoute.

Il m'a été donné de voir les espaces immenses, les abîmes sans fin où vont s'engloutir les créations humaines, cette mer sans rives où court notre grand fleuve d'hommes et d'anges. En parcourant les vastes régions des éternels supplices, j'étais préservé de la mort par le manteau d'un immortel, par ce vêtement de gloire et de génie que se passent les siècles... moi, chétif!...

Quand j'allai par les campagnes de lumière où se pressent les *heureux*, l'amour d'une femme, les ailes d'un ange, me soutenaient; et, porté sur son cœur, je pouvais goûter ces plaisirs ineffables dont l'étreinte est plus dangereuse pour nous, mortels, que toutes les angoisses du monde mauvais...

En accomplissant mon pèlerinage à travers les sombres régions d'en bas, j'étais parvenu, de douleur en douleur, de crime en crime, de punitions en punitions, de silences atroces en cris déchirans, sur le gouffre supérieur à tous les cercles de l'enfer; et, déjà, je voyais, dans le lointain, la clarté du paradis qui brillait à une distance énorme... J'étais dans la nuit, mais sur les limites du jour; et je volais, emporté par mon guide, entraîné par une puissance semblable à celle qui, dans nos rêves, nous ravit dans les sphères invisibles aux yeux du corps.

L'auréole dont nos fronts étaient ceints faisait fuir toutes les ombres sur notre passage, comme une impalpable poussière. Loin de nous, les soleils de tous les univers donnaient à peine la faible lueur des lucioles de mon pays.

J'allais atteindre les champs de l'air, où, vers le paradis, les masses de lumière se multiplient, où l'on fend facilement l'azur, où les innombrables mondes jaillissent comme des fleurs dans une prairie...

Là, sur la dernière ligne circulaire qui appartenait encore aux fantômes que je laissais derrière moi, semblables à des chagrins qu'on veut oublier, je vis une grande ombre...

Elle se tenait debout, dans une attitude ardente, et dévorait les espaces du regard. Ses pieds restaient attachés par le pouvoir de Dieu sur le dernier point de cette ligne; et l'ombre y accomplissait sans cesse la tension pénible par laquelle nous projetons nos forces lorsque nous voulons prendre notre élan, comme des oiseaux prêts à s'envoler.

Je reconnus un homme.

Il ne nous regarda, ne nous entendit pas. Tous ses muscles tressaillaient, haletaient. Il semblait que, par chaque parcelle de temps, il éprouvât de nouveau, sans faire un seul pas, la fatigue de traverser l'océan, par lequel il était séparé du paradis, du paradis où sa vue plongeait sans cesse, où il croyait entrevoir une image chérie...

Sur la dernière porte de l'enfer comme sur la première, je lus une expression de désespoir dans l'espérance.

Le malheureux était si horriblement écrasé par je ne sais quelle force que sa douleur passa dans mes os et me glaça. Je me réfugiai près de mon guide, dont la protection me rendit à la paix et au silence.

Semblable à la mère dont l'œil perçant voit le milan dans les airs ou l'y devine, l'ombre poussa un cri de joie.

Alors, regardant là où il regardait, nous vîmes comme un saphir qui se détachait du petit cercle bleu qui flottait au dessus de nos têtes dans les abîmes de lumière. Cette éclatante étoile descendait avec la rapidité d'un rayon de soleil quand il apparaît au matin sur l'horizon, et que ses premières clartés glissent furtivement sur notre terre. La SPLENDEUR devint distincte; elle grandit; et, bientôt, j'aperçus le nuage glorieux au sein duquel vont les anges, espèce de fumée brillante, de sueur lumineuse émanée de leur divine substance, et qui, çà et là, pétillait en langues de feu... Une noble tête, dont il est impossible de supporter l'éclat sans avoir revêtu le manteau, le laurier, la palme, attribut des Puissances, s'élevait au dessus de cette nuée aussi blanche, aussi pure que de la neige. C'était une lumière dans la lumière! Ses ailes frémissaient semant des éblouissemens, des ondulations dans les sphères, par lesquelles il passait comme passe le regard de Dieu à travers les mondes...

Enfin je vis le séraphin dans sa gloire!.... La fleur d'éternelle beauté qui décore les anges de l'Esprit brillait en lui...

Il avait à la main une palme verte; et de l'autre un glaive flamboyant; la palme, pour décorer l'ombre pardonnée, le glaive, pour faire reculer l'enfer entier par un seul geste.... Il souriait, mais tristement.

A son approche, nous sentîmes les parfums du ciel qui tombèrent comme une rosée.... Dans toute la région où il se tint, l'air prit la couleur d'une opale, et s'agita par des ondulations dont l'ange était le principe...

Il arriva, regarda l'ombre, et lui dit :

— *A demain !...*

Puis il retourna vers le ciel par un mouvement gracieux, étendit ses ailes, franchit les sphères, comme un vaisseau fendant les ondes, qui, en un moment, laisse à peine voir ses blanches voiles dans la clarté du soleil, aux exilés laissés au rivage.

L'ombre poussa un effroyable cri auquel tous les damnés répondirent, depuis le cercle le plus profondément enfoncé dans l'immensité des mondes de douleur jusqu'à celui plus paisible à la surface duquel nous étions... Ce fut un horrible concert. La plus poignante de toutes les angoisses avait fait un appel à toutes les autres. La clameur se grossit des rugissemens d'une mer de feu qui servait comme de base à la terrible harmonie des innombrables millions d'ombres souffrantes...

Puis tout à coup elle prit son vol à travers la *cité dolente* et descendit de sa place jusqu'au fond même de l'enfer; elle remonta subitement, revint, se replongea dans les cercles infinis, les parcourut dans tous les sens, semblable à un vautour qui, mis pour la première fois dans une volière, s'épuise en efforts superflus... L'ombre avait le droit d'errer ainsi. Elle pouvait traverser les zônes de l'enfer, glaciales, fétides, brûlantes, sans participer à leurs souffrances. Elle se glissait dans cette immensité, comme un rayon de soleil sait se faire jour au sein de l'obscurité.

— Dieu ne lui a point infligé de punition, me dit le Maître; mais aucune de ces âmes dont tu as successivement contemplé les tortures ne voudrait changer son supplice contre l'espérance sous laquelle cette âme succombe...

En ce moment, l'ombre revint près de nous, ramenée par une force invincible qui la condamnait à sécher sur le bord des enfers.

Mon divin guide, devinant la curiosité dont j'étais saisi, toucha de son rameau de laurier le malheureux, occupé peut-être à mesurer le siècle de peine qui se trouvait entre lui et ce lendemain toujours fugitif.

Il tressaillit, et nous jeta un regard plein de toutes les larmes qu'il avait déjà versées.

— Vous voulez connaître mon infortune? dit-il d'une voix triste. Oh! j'aime à la raconter. Je suis ici, et *Thérésa* est là haut!...Voilà tout. Sur terre, nous étions heureux; nous étions toujours unis. Quand je vis pour la première fois ma chère *Thérésa Donati*, elle avait dix ans. Alors nous nous aimâmes, sans savoir ce que c'était que l'amour. Notre vie fut une même vie. Je pâlissais de sa pâleur; j'étais heureux de sa joie. Ensemble, nous nous livrâmes au charme de penser, de sentir, et l'un par l'autre nous apprîmes l'amour. Nous fûmes mariés dans Crémone, et jamais nous ne connûmes nos lèvres que souriant, nos yeux que rayonnant; jamais nos chevelures, nos vœux ne se séparèrent. Nos deux têtes se confondaient quand nous lisions; nos pas s'unissaient quand nous marchions. La vie fut un long baiser, notre maison une vaste couche...

Un jour Thérésa pâlit, et me dit pour la première fois :

— Je souffre!

Et je ne souffrais pas!... Elle ne se releva plus. Je vis, sans mourir, ses beaux traits s'altérer, ses cheveux d'or s'endolorir... Elle souriait pour me cacher ses douleurs; mais je les lisais dans ses yeux. J'y interprétais les moindres tremblemens de leur azur lumineux...

Elle me disait : — Honorino, je t'aime!... au moment où ses lèvres blanchirent; enfin, elle me serrait encore la main dans les siennes quand la mort les glaça...

Aussitôt je me tuai, pour qu'elle ne se couchât pas seule dans le lit froid et humide de son sépulcre, sous son drap de marbre...

Elle est là haut, Thérésa, et je suis ici. Je voulais ne pas la quitter : Dieu nous a séparés. — Pourquoi donc nous avoir unis sur la terre ? — Il est jaloux... Le paradis a été sans doute bien plus beau du jour où Thérésa y est montée... La voyez-vous ?... Elle est triste dans son bonheur... Elle est sans moi! — Le paradis doit être bien désert pour elle...

— Maître, dis-je en pleurant, car je pensais à mes amours, au moment où celui-ci souhaitera le paradis pour Dieu seulement, ne sera-t-il pas délivré ?...

Le père de la poésie inclina doucement la tête en signe d'assentiment; et nous nous éloignâmes en fendant les airs, sans faire plus de bruit que les oiseaux qui passent quelquefois sur nos têtes quand nous sommes étendus à l'ombre d'une touffe d'arbres. Nous eussions vainement tenté d'empêcher l'infortuné de blasphémer ainsi; car un des malheurs des anges de ténèbres est de ne pas voir la lumière, même quand ils en sont environnés. Il n'aurait pas compris nos paroles. . . . .

. . . .

En ce moment, le pas rapide de plusieurs chevaux retentit au milieu du silence; le chien aboya; la voix grondeuse du sergent lui répondit; des cavaliers descendirent, frappèrent à la porte; et le bruit s'éleva tout à coup avec la violence brusque d'une détonation inattendue...

Alors les deux proscrits, les deux poëtes, tombèrent sur terre de toute la hauteur qui nous sépare des cieux... Le douloureux brisement de cette chute courut, comme un autre sang, dans leurs veines, mais en sifflant, en roulant en eux des pointes acérées et cuisantes. La douleur fut en quelque sorte une commotion électrique...

La lourde et sonore démarche d'un homme d'armes, dont l'épée, la cuirasse et les éperons produisaient un singulier cliquetis, se montra bientôt devant l'étranger surpris.

— Nous pouvons rentrer à Florence, dit le soldat, dont la grosse voix parut douce en prononçant des mots italiens.

— Que dis-tu?... demanda le grand homme.

— Les *blancs* triomphent!...

— Ne te trompes-tu pas?... reprit le poëte.

— Non, Dante!... répondit le soldat.

Et le timbre riche de sa voix guerrière exprima les joies de la victoire et les frissonnemens des batailles.

— A Florence!... à Florence! O ma Florence! cria vivement Dante Alighieri, dont la figure resplendit.

Il se dressa sur ses pieds, regarda dans les airs, y crut voir l'Italie; et alors — il devint gigantesque.

— A Florence, Florence!..... Florence!..... Italie! Béatrix!

Il était en délire.

— Et moi!... quand serai-je dans le ciel?... dit Godefroy qui restait, un genou en terre, devant le poëte immortel, comme un ange en face du sanctuaire.

— Viens à Florence!... lui dit le Dante d'un son de voix compatissant. Va!.... quand tu verras les amoureux paysages de *Fiesolè*, tu te croiras au paradis.

Le soldat se mit à sourire...

Pour la première, pour la seule fois peut-être, la sombre et terrible figure du Dante exprimait une joie. Il avait dans les yeux, sur le front, toutes les peintures de bonheur dont son *Paradis* est si prodigue. Il lui semblait peut-être entendre la voix de Béatrix.

En ce moment le pas léger d'une femme et le frémissement d'une robe retentirent dans le silence.

L'aurore jetait alors ses premières clartés...

Alors la belle comtesse Mahaut entra, poussa un cri, courut à Godefroy.

—Viens, mon enfant,... mon fils!... Va! le paradis, ce sera le cœur de ta mère...

—Ah! je reconnais *la voix* du ciel!... cria l'enfant ravi.

Ce cri réveilla le Dante.

Il regarda le jeune homme enlacé dans les bras de la comtesse; et après avoir salué du regard et du geste son compagnon d'études, qu'il laissait au sein maternel...

— Partons!........ s'écria-t-il d'une voix tonnante. Mort aux Guelfes!...

Le Chef-d'oeuvre inconnu.

I.

GILLETTE.

Vers la fin de l'année 1612, par une froide matinée de décembre, un jeune homme, dont le vêtement était de très-mince apparence, se promenait devant la porte d'une maison située rue des Grands-Augustins, à Paris.

Après avoir assez long-temps marché de long en large avec l'irrésolution d'un amant qui n'ose se présenter à sa première maîtresse, toute facile qu'elle puisse être, il finit par franchir le seuil de cette porte et demanda si maître *François* Porbus était en son logis. Sur la réponse affirmative que lui fit une vieille femme occupée à balayer une salle basse, l'inconnu monta les degrés, mais lentement, et en s'arrêtant de marche en marche, comme quelque courtisan de fraîche date, inquiet de l'accueil que le roi va lui faire. Quand il parvint en haut de la vis, il demeura pendant un moment sur le palier, incertain s'il prendrait le heurtoir grotesque qui ornait la porte de l'atelier où travaillait sans doute le peintre de Henri IV, délaissé, pour Rubens, par Marie de Médicis.

Le jeune homme éprouvait cette sensation profonde qui a dû faire vibrer tous les cœurs des grands artistes, quand, au fort de leur jeunesse et de leur amour pour l'art, ils ont abordé certains hommes de génie ou leurs chefs-d'œuvre.

Il existe dans tous les sentimens humains une fraîcheur vierge, une fleur primitive, noble enthousiasme qui va toujours faiblissant jusqu'à ce que le bonheur ne soit plus qu'un souvenir, et la gloire un mensonge. Parmi nos émotions fragiles, rien ne ressemble à l'amour comme la passion jeune et primordiale d'un artiste commençant le délicieux supplice de sa destinée de gloire et de malheur, passion pleine d'audace et de timidité, de croyances vagues et de découragemens certains.

A celui qui, léger d'argent ou adolescent de génie, n'a pas vivement palpité en se présentant devant un maître, il manquera toujours une corde dans le cœur, une touche de pinceau, un sentiment dans l'œuvre, une certaine expression de poésie. Si quelques fanfarons, bouffis d'eux-mêmes, croient trop tôt à l'avenir, ils ne sont gens d'esprit que pour les sots.

A ce compte, le jeune inconnu avait certes un vrai mérite, si le talent doit se mesurer sur la timidité première, sur cette pudeur indéfinissable que les gens promis à la gloire savent perdre dans l'exercice de leur art, comme les jolies femmes dans celui de la coquetterie. — L'habitude du triomphe amoindrit le doute, et la pudeur est un doute peut-être!

Le pauvre néophyte, accablé de misère et surpris en ce moment de son outrecuidance, ne serait pas entré chez le peintre auquel nous devons l'admirable portrait de Henri IV, sans un secours extraordinaire qui lui fut envoyé par le hasard.

Un vieillard vint à monter l'escalier. A la bizarrerie de son costume, à la magnificence de son rabat de dentelle, à la prépondérante sécurité de sa démarche, le jeune homme devina que ce personnage était un protecteur ou un ami du peintre.

Se reculant alors sur le palier pour lui faire place, il l'examina curieusement, espérant trouver en lui la bonne nature d'un artiste ou le caractère serviable des gens qui aiment les arts.

Mais il y avait quelque chose de diabolique dans cette figure, et surtout ce *je ne sais quoi* dont les artistes sont friands. Imaginez un front chauve, bombé, proéminent, retombant en saillie sur un petit nez écrasé, retroussé du bout comme celui de Rabelais, ou de Socrate; une bouche rieuse et ridée; un menton court, légèrement relevé, mais garni d'une barbe grise, taillée en pointe; des yeux vert de mer, ternis en apparence par l'âge, mais qui, par le contraste du blanc nacré dans lequel flottait la prunelle, devaient jeter parfois des regards magnétiques au fort de la colère ou de l'enthousiasme. Du reste, le visage était singulièrement flétri par les fatigues de l'âge et plus encore par ces pensées qui creusent également l'âme et le corps ; les yeux n'avaient plus de cils, et à peine voyait-on quelques traces de sourcils au dessus de leurs arcades saillantes.

Mettez cette tête sur un corps fluet et débile, entourez-la d'une dentelle étincelante de blancheur et travaillée comme une truelle à poisson, jetez sur le pourpoint noir du vieillard une lourde chaîne d'or... et, vous aurez une image imparfaite de ce personnage, auquel le jour faible de l'escalier prêtait encore une couleur fantastique. Vous eussiez dit une toile de Rembrandt marchant silencieusement et sans cadre, dans la noire atmosphère créée par ce grand peintre.

Il jeta sur le jeune homme un regard empreint de sagacité, frappa trois coups à la porte ; et, un homme valétudinaire, âgé de quarante ans environ, étant venu ouvrir :

— Bonjour, maître Porbus !... lui dit-il d'une voix cassée.

Porbus s'inclina respectueusement et laissa

entrer le jeune homme en le croyant amené par l'inconnu.

Ce serait chose assez importante, un détail artistement historique, que de dépeindre l'atelier de maître Porbus ; mais l'histoire nous prend tellement à la gorge ; les descriptions sont si cruellement difficiles à bien faire et plaisent si rarement aux lecteurs qui ont la prétention d'y suppléer, que vous perdrez, ma foi ! ce morceau par moi peint à l'huile, peint sur place, et dans lequel les jours, les teintes, la poussière, les accessoires, les figures possédaient un certain mérite...

Vous y eussiez vu, entre autre choses, une croisée ogive coloriée, et une petite fille occupée à remettre ses chausses, exécutées avec un fini vraiment regrettable. C'était aussi vrai, aussi faux, aussi peigné, léché, qu'une croquade d'amateur ; mais aujourd'hui la peinture est si malade en France, qu'il y aurait crime à faire encore des tableaux en littérature : aussi nos poëtes sont-ils généralement sobres d'images par politesse...

Le jeune homme resta debout, immobile, devant un tableau qui, par ce temps de troubles et de révolutions; était déjà devenu célèbre, et que visitaient quelques-uns de ces entêtés auxquels nous devons la conservation du feu sacré pendant les jours mauvais. A toutes les époques, il s'est rencontré des gens soigneux d'enterrer les drapeaux et de sauver les dieux en déroute; car dans tous les siècles on a revendu les dieux avec bénéfice.

Cette belle page (le mot n'étant pas encore inventé pour désigner une œuvre de peinture, j'aurais pu tout aussi bien vous dire : *cette pourtraicture saincte et mignonnement paracheuée* ; mais le placage historique me semble fatigant, outre que beaucoup ne comprennent plus les vieux mots), cette page donc, représentait une *Marie Egyptienne* acquittant le passage du bateau. Ce chef-d'œuvre, destiné à Marie de Médicis, fut par elle vendu à Cologne, aux jours de sa misère; et, lors de notre invasion en Allemagne (1806), un capitaine d'artillerie la sauva d'une destruction imminente, en la mettant dans son portemanteau. C'était un protecteur des arts qui aimait mieux prendre que voler. Ses soldats avaient déjà fait des moustaches à la sainte protectrice des filles repenties, et allaient, ivres et sacriléges, tirer à la cible sur la pauvre sainte, qui, même en peinture, devait obéir à sa destinée. Aujourd'hui cette magnifique toile est au château de la Grenadière, près de Saint-Cyr en Touraine, et appartient à M. de Lansay.

— J'aime ta sainte!... dit le vieillard à Porbus, et je te la paierais dix écus d'or au delà du prix que t'en donne madame la reine; mais aller sur ses brisées?... du diable!...

— Vous la trouvez bien?...

— Heu! heu!... fit le vieillard. Elle ne vit pas! En la regardant long-temps, je ne saurais croire qu'il y ait de l'air entre ses bras et le fond de la toile... Je ne sens pas la chaleur de ce beau corps, et ne trouve pas de sang dans les veines... Les contours ne sont pas dessinés franchement. — Tu as craint d'être sec en suivant la méthode de l'école italienne, et tu n'as pas voulu empâter les extrémités à l'instar du Titien et du Corrége. Eh bien! tu n'as eu ni les avantages d'un dessin pur et correct ni les artifices des demi-teintes... Tu n'est *vrai* que dans les tons intérieurs de la chair... Il y a de la vérité là...

Et le vieillard montrait la poitrine de la sainte.

— Puis, ici...

Et il indiquait le point où, sur le tableau, finissait l'épaule.

— Ici... tout est faux... Mais n'analysons pas, ce serait faire ton désespoir.

Le vieillard s'assit sur une escabelle, se tint la tête dans les mains et resta muet

— Maître, lui dit Porbus, j'ai cependant bien étudié, sur le nu, les lignes de ce corps,

— Oui... oui... répondit le vieillard, un mois ou deux... et vous vous arrêtez là!... Vous faites d'admirables vêtemens de chair à vos femmes, mais vous oubliez tous de leur donner le mouvement et la vie?... Une femme a, certes, cet air de tête, ce regard de douce résignation et doit tenir sa jupe ainsi!... Mais où est *le plus*? Vous avez *le moins* dont se contente le vulgaire... O Mabuse!... O mon maître! ajouta ce singulier personnage, tu es un voleur, tu as emporté la vie avec toi!...

— A cela près, reprit-il, cela vaut mieux que les peintures du sieur Rubens... Au moins, avez-vous là, couleur, sentiment et dessin, les trois parties essentielles de l'art...

— Mais cela est sublime, bonhomme!...

s'écria d'une voix forte le jeune homme sortant d'une rêverie profonde; et ces deux figures ont une finesse d'intention ignorée des peintres d'Italie...

— Et qui êtes-vous?... lui demanda Porbus.

Le pauvre néophyte rougit.

— Hélas! maître, pardonnez à ma hardiesse. Je suis inconnu, mais barbouilleur d'instinct, et arrivé depuis peu dans cette ville, source de toute science...

— A l'œuvre!... à l'œuvre!... lui dit Porbus en lui présentant un crayon rouge et une feuille de papier.

L'inconnu copia lestement la Madelaine au trait...

— Oh! oh! s'écria le vieillard. Votre nom?...

Le jeune homme écrivit au bas : *Nicolas Poussin!*...

— Allons déjeuner, dit le vieil inconnu à Porbus. Venez tous deux à mon logis. J'ai du jambon fumé, du bon vin; et, malgré le malheur des temps, nous causerons peinture! Nous sommes de force!... Voici un petit bonhomme, ajouta-t-il en frappant sur l'épaule de Nicolas Poussin, qui a de la facilité!...

Apercevant alors la piètre casaque du Normand, il tira de sa ceinture une bourse de peau, y fouilla, prit deux pièces d'or, et, les lui montrant :

— J'achète ton dessin !... dit-il.

Poussin tressaillit.

— Prends, prends, s'écria Porbus. Il a dans son escarcelle la rançon de trois rois !

Bientôt ils descendirent de l'atelier et cheminèrent en devisant sur les arts, jusqu'à une belle maison de bois, située près du pont Saint-Michel, et dont Poussin admira les ornemens, le heurtoir, les encadremens de croisée, les arabesques sculptées ; puis, il se trouva tout à coup dans une salle basse, devant un bon feu, près d'une table chargée de mets appétissans ; et, par un bonheur inouï, dans la compagnie de deux grands artistes pleins de bonhomie.

— Jeune homme !... lui dit Porbus en le voyant ébahi devant un tableau, ne regardez pas trop cette toile, vous tomberiez dans le désespoir !...

C'était l'*Adam* que fit Mabuse pour sortir de prison où ses créanciers le retinrent si long-temps... Et, en effet, il y avait, dans cette figure, une telle puissance de réalité que Nicolas Poussin commença dès ce moment à comprendre le véritable sens des confuses paroles dites par le vieillard.

Celui-ci regardant le tableau d'un air satisfait, mais sans enthousiasme, semblait dire : « J'ai fait mieux !... »

— Il y a là de la vie !... dit-il ; et mon pauvre maître s'y est surpassé ; mais il manquait encore de la vérité dans le fond de la toile..... L'homme est bien vivant, il se lève et va venir à nous... Mais l'air, le ciel, le vent que nous respirons, voyons et sentons, n'y est pas. Il n'y a encore là qu'un homme !... Mabuse le disait lui-même avec dépit quand il n'était pas ivre !

Poussin regardait alternativement le vieillard et Porbus avec une inquiète curiosité. Il s'approcha de celui-ci comme pour lui demander le nom de leur hôte ; mais le peintre se mit un doigt sur les lèvres d'un air de mystère, et le jeune homme, vivement intéressé, garda le silence, espérant que tôt ou tard quelque mot lui permettrait de deviner le nom de son hôte, dont la richesse et les talens étaient suffisamment attestés par le respect que Porbus lui témoignait, et par les merveilles entassées dans cette salle.

Poussin, voyant sur la sombre boiserie de chêne un beau portrait de femme, s'écria :

— Ceci est un Giorgion !

— Non ! répondit le vieillard, c'est un de mes premiers barbouillages !...

— Tudieu !... dit naïvement le Poussin, je suis donc chez le dieu de la peinture !...

Le vieillard sourit comme un homme familiarisé depuis long-temps avec cet éloge.

— Maître Frenhofer ! dit Porbus, ne sauriez-vous faire venir un peu de ce bon vin du Rhin pour moi...

— Deux pipes, répondit le vieillard. Une pour m'acquitter du plaisir que j'ai eu ce matin en voyant ta jolie pécheresse, et l'autre comme un présent d'amitié.

— Ah ! si je n'étais pas toujours souffrant, reprit Porbus, et si vous vouliez me laisser voir votre *maîtresse*, je pourrais faire quelque peinture haute, large et profonde, où les figures seraient de grandeur naturelle.

— Montrer mon œuvre !... s'écria le vieillard tout ému. Non, non, je dois la perfectionner encore... Hier, vers le soir, dit-il, j'ai cru, avoir fini... Ses yeux me semblaient humides, sa chair agitée. Les tresses de ses cheveux remuaient... Elle respirait!... Ce matin, au jour... j'ai reconnu mon erreur!... Si j'ai trouvé le moyen de mettre des formes rondes en saillie sur une toile plate et droite, en combinant la pureté du trait avec certains effets pris aux peintres qui ont savamment chargé de couleur les contours afin de les détacher du fond, j'ai encore des doutes sur la vérité de mes lignes... Oh! la ligne vraie!... La ligne vraie!

Le vieillard fit une pause, puis il reprit :

— Voilà dix ans, jeune homme, que je travaille; mais que sont dix petites années quand il s'agit de lutter avec la nature?... Nous ignorons le temps qu'employa le sculpteur Pygmalion pour faire la seule statue qui ait marché!...

Le vieillard tomba dans une rêverie profonde, et resta les yeux fixes en jouant machinalement avec son couteau.

— Le voilà en conversation avec son *esprit!...* dit Porbus à voix basse.

A ce mot, Nicolas Poussin se sentit sous la puissance d'une inexplicable curiosité d'artiste. Ce vieillard aux yeux blancs, attentif et stupide, devenu pour lui plus qu'un homme, était un génie fantasque vivant dans quelque sphère inconnue. Il réveillait mille idées confuses en l'âme, et le phénomène moral de cette espèce de fascination ne se définissait pas plus que l'émotion excitée par les sons d'un orgue parisien redisant un air de la patrie au cœur de l'exilé.

Le mépris que ce vieil homme affectait d'exprimer pour les plus belles tentatives de l'art, sa richesse, ses manières, les déférences de Porbus pour lui, cette œuvre tenue si long-temps secrète, œuvre de patience, œuvre de génie sans doute, s'il fallait en croire la tête de vierge que le jeune Poussin avait si franchement admirée, et qui était là, belle encore, même près de l'Adam de Mabuse; pour toutes ces singularités, l'idiome moderne n'a qu'un mot : *c'était indéfinissable!...* Admirable expression! En effet, elle résume la littérature fantastique; elle formule tout ce qui échappe aux perceptions bornées de notre esprit; et, quand vous l'avez placée sous les yeux d'un lecteur, il est lancé dans l'espace imaginaire; alors, le fantastique se trouve tout germé; il pointe comme une herbe verte au sein de l'incompréhensible et de l'impuissance...

Donc, ce vieillard, maître Frenhofer, paraissait indéfinissable, incompréhensible; et tout ce que la riche imagination de Nicolas Poussin put saisir de clair et de perceptible, en voyant cet être surnaturel (surnaturel!... voilà encore une belle expression!) c'est qu'il était le type le plus complet de la nature artiste, de cette nature capricieuse et folle, à laquelle tant de pouvoirs sont confiés, et qui trop souvent en abuse, emmenant la froide raison, les bourgeois et même quelques amateurs, à travers mille routes pierreuses, où, pour eux, il n'y a rien; tandis que, folâtre en ses fantaisies, la jolie déesse y découvre des épopées, des châteaux, des œuvres d'art. — Nature moqueuse et bonne, féconde et pauvre!

Ainsi, pour l'enthousiaste Poussin, ce vieillard était devenu, par une transfiguration subite, l'art lui-même, l'art avec son secret, ses fougues, et ses rêveries.

— Oui, mon cher Porbus, reprit Frenhofer, il m'a manqué jusqu'à présent de rencontrer une femme irréprochable!... — un corps dont les contours soient d'une beauté parfaite, et dont la carnation... Mais où est-elle vivante, dit-il en s'interrompant, cette introuvable Vénus des anciens, si souvent cherchée, et dont nous rencontrons à peine les beautés éparses ?... Oh! pour voir un moment, une seule fois, la nature divine, complète, l'idéal enfin, je donnerais toute ma fortune!...

— Nous pouvons nous départir d'ici, dit Porbus à Poussin; il ne nous entend plus, ne nous voit plus...

— Allons à son atelier ?... répondit le jeune homme émerveillé.

— Oh! le vieux reître a su en défendre l'entrée. Ses trésors sont trop bien gardés pour que nous puissions arriver jusqu'à eux... Je n'ai pas attendu votre avis et votre fantaisie pour tenter l'assaut du mystère...

— Il y a donc un mystère ?...

— Oui, répondit Porbus. Le vieux Frenhofer est le seul élève que Mabuse ait voulu faire. — Devenant son ami, son sauveur, son père, Frenhofer a sacrifié la plus grande partie de ses trésors à satisfaire les passions de Mabuse; et Mabuse, reconnaissant, lui a légué le secret du relief, le pouvoir de donner aux figures cette vie extraordinaire, cette fleur de nature, notre désespoir éternel, et dont il possédait si bien *le faire*, qu'un jour, ayant vendu et bu le damas à fleur dont il devait s'habiller à l'entrée de Charles-Quint, il accompagna son maître avec un vêtement de papier, sur lequel il avait peint le damas. L'éclat particulier de l'étoffe portée par Mabuse surprit l'empereur, qui, voulant en faire compliment au protecteur du vieil ivrogne, découvrit la supercherie!... Frenhofer est un homme passionné pour notre art et qui vit dans la couleur!...

— Nous y pénétrerons!... s'écria Poussin n'écoutant plus Porbus, et ne doutant plus de rien.

Porbus sourit à l'enthousiasme du jeune inconnu, et ils se quittèrent.

Nicolas Poussin revenant à pas lents vers la rue de la Harpe, dépassa sans s'en apercevoir la modeste hôtellerie où il était logé.

Montant avec une inquiète promptitude son misérable escalier, il parvint à une chambre haute, située sous une toiture en colombage, naïve et légère couverture des maisons du vieux Paris. Il vit, près de l'unique et sombre fenêtre de cette chambre, une jeune fille qui, au bruissement de la porte, se dressa soudain par un mouvement d'amour. Elle avait reconnu le peintre à la manière dont il leva le loquet.

— Qu'as-tu? dit-elle.

— J'ai, j'ai!... j'ai, s'écria-t-il en étouffant de plaisir, que je me suis senti peintre!... J'avais douté de moi jusqu'à présent, mais ce matin j'ai cru en moi-même! Je puis être un grand homme!... Va! Gillette, nous serons riches, heureux! Il y a de l'or dans ces pinceaux...

Mais il se tut soudain. Sa figure grave et vigoureuse perdit son expression de joie quand il compara l'immensité de ses espérances à la médiocrité de ses ressources matérielles. Les murs étaient couverts de simples papiers chargés d'esquisses au crayon. Il ne possédait pas quatre toiles vaillantes. Les couleurs avaient alors un haut prix, et le pauvre gentilhomme voyait sa palette à peu près nue.

Au sein de cette misère, il possédait et ressentait d'incroyables richesses de cœur, et une dévorante surabondance de génie. Amené à Paris par un gentilhomme de ses amis, ou peut-être par son propre talent, il y avait rencontré soudain une maîtresse, une de ces âmes nobles et généreuses qui viennent souffrir près d'un grand homme, en épousent les misères, et s'efforcent d'en comprendre les caprices; fortes pour la misère et l'amour comme d'autres sont intrépides à porter le luxe ou à faire preuve d'insensibilité.

Le sourire errant sur les lèvres de Gillette dorait ce grenier, y rivalisait avec l'éclat du ciel. Le soleil ne brillait pas toujours, tandis qu'elle, était toujours là, recueillie dans sa passion, attachée à son bonheur, à sa souffrance, consolant le génie qui débordait dans l'amour avant de s'emparer de l'art, ou de palpiter pour la gloire.

— Écoute, Gillette!... viens!...

Obéissante et joyeuse, elle sauta sur les genoux du peintre. Elle était toute grâce, toute beauté; jolie comme un printemps, pure, blanche; ayant toutes les richesses féminines enfin, et de plus une belle âme!

— O Dieu! s'écria-t-il, je n'oserai jamais lui dire...

— Un secret? reprit-elle. Oh! je veux le savoir.

Le Poussin resta rêveur.

— Parle donc!...

— Gillette! pauvre cœur aimé!

— Oh! tu veux quelque chose de moi!...

— Oui.

— Si tu désires que je pose encore devant toi comme l'autre jour, reprit-elle d'un petit air boudeur, je n'y consentirai plus jamais... Cela est mal. Et puis, dans ces momens-là, tes yeux ne me disent plus rien. Tu ne penses plus à moi, et cependant tu me regardes!...

— Aimerais-tu mieux me voir copier une autre femme?...

— Peut-être..... dit-elle, si elle était bien laide...

— Eh bien, reprit le Poussin d'un ton sérieux, si pour ma gloire à venir, si pour me faire grand peintre, il fallait aller poser chez un autre...

— Tu veux m'éprouver... dit-elle. Tu sais bien que je n'irais pas!

Le Poussin pencha sa tête sur sa poitrine comme un homme qui succombe à une joie ou à une douleur trop forte pour son âme.

— Ecoute, dit-elle en tirant Poussin par la manche de son pourpoint usé, je t'ai dit, Nick, que je donnerais ma vie pour toi; mais je ne t'ai jamais promis, moi vivante, de renoncer à mon amour, à toi...

— Y renoncer!... s'écria le Poussin.

— Si je me montrais ainsi à un autre... tu ne m'aimerais plus..... et, moi-même, je me trouverais indigne de toi!... Obéir à tes caprices, n'est-ce pas chose naturelle et simple?... Malgré moi, je suis heureuse et même fière de faire ta chère volonté... Mais pour un autre!... fi... donc...

— Pardonne, ma Gillette, dit le peintre en se jetant à ses genoux. J'aime mieux être aimé que glorieux!... Pour moi, tu es plus belle que la fortune et les honneurs. Va, jette mes pinceaux, brûle ces esquisses. Je me suis trompé... ma vocation est de t'aimer. Je ne suis pas peintre, je suis amoureux!... Périsse l'art et tous ses secrets!...

Elle l'admirait, heureuse, charmée!... Elle régnait! Elle sentait instinctivement que les arts étaient oubliés pour elle et jetés à ses pieds comme un grain d'encens.

— Ce n'est pourtant qu'un vieillard!... reprit Poussin. Il ne pourra voir que la femme en toi : tu es si parfaite...

— Il faut bien aimer !... s'écria-t-elle prête à sacrifier ses scrupules d'amour pour récompenser son amant de tous les sacrifices qu'il lui faisait. — Mais, reprit-elle, ce serait me perdre.—Ah! me perdre pour toi !... Oui, cela est bien beau, mais... tu m'oublieras... Oh! quelle mauvaise pensée as-tu donc eue là?...

— Je l'ai eue et je t'aime! dit-il avec une sorte de contrition; mais je suis donc un infâme !...

— Consultons le père Hardouin.... dit-elle.

— Oh, non ! que ce soit un secret entre nous deux !...

— Eh bien, j'irai... mais ne sois pas là, dit-elle... Reste à la porte, armé de ta dague; si je crie, entre et tue le peintre...

Ne voyant plus que son art, le Poussin pressa Gillette dans ses bras!

—Il ne m'aime plus !... pensa Gillette quand elle se trouva seule.

Elle se repentait déjà de sa résolution. Mais elle fut bientôt en proie à une épouvante plus cruelle que son repentir, et s'efforça de chasser une pensée affreuse qui s'élevait dans son cœur.

— Elle croyait aimer déjà moins le peintre en le soupçonnant moins estimable.

II.

CATHERINE LESCAULT.

Deux jours après la rencontre du Poussin et de Porbus, celui-ci vint voir maître Frenhofer.

Le vieillard était alors en proie à l'un de ces découragemens profonds et spontanés dont la cause est, s'il faut en croire les mathématiciens de la médecine, dans une digestion mauvaise, dans le vent, la chaleur, ou quelque empâtement des hypocondres ; et, suivant les spiritualistes, dans l'imperfection de notre nature morale. Un écrivain moderne exprimerait *cet état phénoménal* en disant que Frenhofer avait fait une prodigieuse dépense d'âme; mais laissons là le prétentieux jargon de notre époque, le bonhomme s'était purement et simplement fatigué à parachever son mystérieux tableau.

Il était donc languissamment assis dans une vaste chaire de chêne sculpté, garnie de cuir noir; et, sans quitter son attitude mélancolique, il lança sur Porbus le regard engourdi d'un homme qui s'est établi dans son ennui.

— Eh bien! maître, lui dit Porbus, l'*outremer* que vous avez été chercher à Bruges était-il mauvais?... Est-ce que vous n'avez pas su broyer notre nouveau blanc?... votre huile est-elle méchante, ou les pinceaux...

— Hélas! s'écria le vieillard, j'ai cru pendant un moment que mon œuvre était accomplie; mais je me suis certes trompé dans quelques détails, et je ne serai tranquille qu'après avoir éclairci mes doutes... Aussi je me décide à voyager et vais aller en Turquie, en Grèce, en Asie, pour y chercher un modèle et comparer mon tableau à diverses natures... Peut-être ai-je là-haut, reprit-il en laissant échapper un sourire de contentement, la nature elle-même...

Parfois, j'ai quasi peur qu'un souffle ne me réveille cette femme, et qu'elle ne disparaisse...

Puis il se leva tout à coup, comme pour partir.

— Oh! oh! répondit Porbus, j'arrive à temps pour vous éviter la dépense et les fatigues du voyage.

— Comment? demanda Frenhofer étonné.

— Le jeune Poussin est aimé par une femme dont l'incomparable beauté se trouve sans imperfection aucune !... Mais, mon cher maître, s'il consent à vous la prêter, au moins faudra-t-il nous laisser voir votre toile...

Le vieillard resta debout, immobile, dans un état de stupidité parfaite.

— Comment!... s'écria-t-il enfin douloureusement, montrer ma créature, mon épouse!... déchirer le voile dont j'ai chastement couvert mon bonheur?... Mais ce serait une horrible prostitution! Voilà dix ans que je vis avec cette femme! Elle est à moi, à moi seul!... Elle m'aime. Ne m'a-t-elle pas souri à chaque coup de pinceau que je lui ai donné? Elle a une âme, l'âme dont je l'ai douée!... Elle rougirait si d'autres yeux que les miens s'arrêtaient sur elle... La faire voir!... mais quel est le mari, l'amant assez vil pour conduire sa femme au déshonneur!... Quand tu fais un tableau pour la Cour, tu n'y mets pas toute ton âme, tu ne vends aux courtisans que des mannequins coloriés. Ma peinture n'est pas une peinture, c'est un sentiment, une passion! Née dans mon atelier, elle doit y rester vierge, et n'en peut sortir que vêtue. La poésie et les femmes ne se livrent nues qu'à leurs amans!... Possédons-nous les figures de Raphaël, l'Angélique de l'Arioste, la Béatrix du Dante... Non! nous n'en voyons que les formes! Eh bien! l'œuvre que je tiens là-haut sous mes verroux est une exception dans notre art... ce n'est pas une toile, c'est une femme!... une femme avec laquelle je pleure, je ris, je cause... je pense. Veux-tu que, tout à coup, je quitte un bonheur de dix années comme on jette un manteau? Que, tout à coup, je cesse d'être père, amant et dieu; car cette femme n'est pas une création, c'est une créature!... Vienne ton jeune homme, je lui donnerai mes trésors; je lui ferai voir des tableaux du Corrège, de Michel-Ange, du Titien; je baiserai la marque de ses pas dans la poussière; mais en faire mon rival!... honte à moi... Ha! ha! je suis plus amant encore que je ne suis peintre! J'aurai la force de brûler ma *Catherine* à mon dernier soupir; mais lui faire supporter le regard d'un homme, d'un jeune homme, d'un peintre... non, non... Je tuerais le lendemain celui qui l'aurait souillée d'un regard!... Je te tuerais à l'instant, toi, mon ami, si tu ne la saluais pas à genoux!... Veux-tu maintenant que je soumette mon idole aux froids regards et aux stupides critiques des imbéciles.... Ah! l'amour est un mystère; il n'a de vie qu'au fond des cœurs; et tout est perdu quand un homme dit même à son ami : — Voilà celle que j'aime!...

Le vieillard semblait être redevenu jeune; ses yeux avaient de l'éclat et de la vie; ses joues pâles étaient nuancées d'un rouge vif, et ses mains tremblaient.

Porbus, étonné de la violence passionnée avec laquelle ces paroles furent dites, ne savait que répondre à un sentiment aussi neuf que profond.

Frenhofer était-il raisonnable ou fou? Se trouvait-il subjugué par une fantaisie d'artiste, ou les idées qu'il avait exprimées procédaient-elles de ce fanatisme inexprimable produit en nous par le long enfantement d'une grande œuvre? Pouvait-on jamais espérer de transiger avec cette passion bizarre?

En proie à toutes ces pensées, Porbus dit au vieillard :

— Mais n'est-ce pas femme pour femme?... Poussin ne livre-t-il pas sa maîtresse à vos regards !

— Quelle maîtresse ! répondit Frenhofer. —Elle le trahira tôt ou tard!—La mienne me sera toujours fidèle !

— Eh bien ! reprit Porbus, n'en parlons plus !... Mais avant que vous ne trouviez, même en Asie, une femme aussi belle, aussi parfaite, vous mourrez peut-être sans avoir achevé votre tableau...

— Oh ! il est fini....., dit Frenhofer..... Et qui le verrait, croirait apercevoir une femme couchée sur un lit de velours, sous des courtines... Près d'elle, un trépied d'argent exhale des parfums.— Tu serais tenté de prendre le gland d'or des cordons qui retiennent les rideaux, et il te semblerait voir le sein de *Catherine* suivre le mouvement de sa respiration. — Cependant, je voudrais bien être certain...

— Va en Asie !... répondit Porbus en apercevant une sorte d'hésitation dans le regard de Frenhofer.

Et Porbus fit quelques pas vers la porte de la salle.

En ce moment, Gillette et Nicolas Poussin étaient arrivés près du logis de Frenhofer. Quand la jeune fille fut sur le point d'y entrer, elle quitta le bras du peintre, et se reculant en arrière comme si elle eût été saisie par quelque soudain pressentiment:

— Mais que viens-je donc faire ici?... demanda-t-elle à son amant d'un son de voix profond et en le regardant d'un œil fixe.

Étonné, le Poussin lui prit la main en disant avec une vive émotion :

— Gillette, je t'ai laissée maîtresse et veux t'obéir en tout. Tu es ma conscience et ma gloire... Reviens au logis, je serai plus heureux, peut-être, que si tu...

— Suis-je à moi quand tu me parles ainsi?... Oh! non, je ne suis plus qu'une enfant.

— Allons, ajouta-t-elle en paraissant faire un violent effort, si notre amour périt et si je mets dans mon cœur un long regret, ta célébrité ne sera-t-elle pas le prix de mon obéissance à tes désirs?... Entrons, ce sera vivre encore que d'être toujours comme un souvenir dans ta palette!...

En ouvrant la porte de la maison les deux amans se rencontrèrent avec Porbus; et celui-ci, surpris par la beauté de Gillette dont les yeux étaient alors pleins de larmes, la saisit toute tremblante, et l'amenant devant le vieillard :

— Tenez, dit-il, ne vaut-elle pas tous les chefs-d'œuvre du monde ?...

Frenhofer tressaillit. Gillette était là, dans l'attitude naïve et simple d'une jeune Géorgienne, toute innocente et peureuse, ravie et présentée par des brigands à quelque marchand d'esclaves. Une pudique rougeur colorait son visage; elle baissait les yeux; ses mains étaient pendantes à ses côtés; ses forces semblaient l'abandonner, et des larmes protestaient contre la violence faite à sa pudeur.

En ce moment, Poussin, au désespoir d'avoir sorti ce beau trésor de son grenier, se maudit lui-même; et, alors, plus amant qu'artiste, mille scrupules lui torturèrent le cœur, quand il vit l'œil rajeuni du vieillard, qui, par une habitude de peintre, déshabilla, pour ainsi dire, cette jeune fille en en devinant les formes les plus secrètes.

Revenant soudain à la féroce jalousie du véritable amour, il s'écria :

— Gillette, partons!...

A cet accent, à ce cri, sa maîtresse joyeuse leva les yeux sur lui, le vit, et, courant dans ses bras :

— Ah! tu m'aimes donc?... s'écria-t-elle en fondant en larmes.

Elle avait eu l'énergie de taire sa souffrance, mais elle manqua de force pour cacher son bonheur.

— Oh! laissez-la-moi pendant deux heures... dit le vieux peintre, et vous la comparerez à ma Catherine... — Oui, j'y consens.

Il y avait encore de l'amour dans le cri de Frenhofer. Il semblait avoir de la coquetterie pour son semblant de femme et jouir par avance du triomphe que la beauté de sa vierge allait remporter sur celle d'une vraie jeune fille.

— Ne le laissez pas se dédire!... s'écria Porbus en frappant sur l'épaule de Poussin. Les fruits de l'amour passent vite, ceux de l'art sont immortels...

— Pour lui, répondit Gillette en regardant attentivement le Poussin et Porbus, ne suis-je donc pas plus qu'une femme!...

Elle leva la tête avec fierté ; mais quand après avoir jeté un coup d'œil étincelant à Frenhofer, elle vit son amant occupé à contempler de nouveau le portrait, qu'il avait pris naguère pour un Giorgion :

— Ah ! dit-elle, montons !... Il ne m'a jamais regardée ainsi !...

— Vieillard !... reprit Poussin tiré de sa méditation par la voix de Gillette, vois cette épée !... je la plongerai dans ton cœur au premier mot de plainte que prononcera cette jeune fille... Puis je mettrai le feu à ta maison, et personne n'en sortira... Comprends-tu ?...

Nicolas Poussin était sombre, sa parole terrible ; son attitude, son geste consolèrent Gillette ; et, alors, elle lui pardonna presque de la sacrifier à la peinture, à la gloire, à l'avenir.

Porbus et Poussin restèrent à la porte de l'atelier, se regardant l'un l'autre en silence ; et si, d'abord, celui-là se permit quelques exclamations :

— Ah ! elle se déshabille. — Il lui dit de se mettre au jour, etc.

Bientôt il se tut à l'aspect du Poussin dont le visage était devenu inquiet et sombre. Le

jeune homme avait la main sur la garde de sa
dague et l'oreille presque collée à la porte.
Porbus, également attentif, commençait à
comprendre la souffrance du Poussin. Tous
deux, dans l'ombre et debout, ressemblaient
ainsi à deux conspirateurs attendant l'heure
de frapper un tyran.

— Entrez!... entrez!... leur dit le vieillard
rayonnant de bonheur. Mon œuvre est parfaite, et maintenant je puis la montrer avec
orgueil. Jamais peintre, pinceaux, couleurs,
toile et lumière ne feront une rivale à ma *Catherine Lescault!*...

Porbus et Poussin, en proie à une vive curiosité, se trouvèrent bientôt au milieu d'un
vaste atelier, couvert de poussière, où tout
était en désordre, d'où le jour tombait d'en
haut, et où ils virent çà et là des tableaux
accrochés aux murs parmi des statues, des
essais, des bustes, des mains, des squelettes,
et des morceaux d'étoffe, des armes, des
meubles, curieux modèles! Ils s'étaient arrêtés tout d'abord devant une figure de femme
de grandeur naturelle, demi-nue, et pour laquelle ils furent saisis d'admiration.

— Oh! ne vous occupez pas de cela!... dit

Frenhofer. C'est une toile que j'ai barbouillée pour étudier une pose... ce tableau ne vaut rien. — Voilà mes erreurs !... reprit-il en leur montrant de ravissantes compositions suspendues aux murs, autour d'eux.

A ces mots, Porbus et Poussin stupéfaits de ce dédain pour de telles œuvres cherchèrent le portrait annoncé, sans réussir à l'apercevoir.

— Eh bien ! le voilà ! leur dit le vieillard exalté.

Il avait les cheveux en désordre et le visage enflammé ; ses yeux pétillaient ; il était tout haletant.

— Ah ! ah ! s'écria-t-il, vous ne vous attendiez pas à tant de perfection !... Vous êtes devant une femme et vous cherchiez un tableau !... Il y a tant de profondeur sur cette toile, l'air y est si vrai, que vous ne pouvez plus le distinguer de l'air qui nous environne... Où est l'art ?... perdu, disparu !... Ce sont les formes même d'une jeune fille... N'ai-je pas bien saisi la couleur, le vif de la ligne qui termine le corps !... N'est-ce pas nature ?... Admirez comme les contours se détachent du fond ?... Ne semble-t-il pas que vous puissiez

passer la main sur ce dos?... Aussi, j'ai, pendant sept années, étudié les phénomènes de l'accouplement du jour et des objets... Et ces cheveux... la lumière ne les inonde-t-elle pas?... Mais elle a respiré, je crois!..... Ce sein!..... Voyez... Ah! qui ne voudrait l'adorer à genoux?... Les chairs palpitent. Elle va se lever!
— Attendez!...

— Apercevez-vous quelque chose? demanda Poussin à Porbus.

— Non. Et vous?...

— Rien...

Les deux peintres, laissant le vieillard à son extase, regardèrent si la lumière, en tombant d'aplomb sur la toile qu'il leur montrait, n'en neutralisait pas tous les effets; alors, ils examinèrent la peinture en se mettant à droite, à gauche, de face, en se baissant ou se levant.

— Oui!... oui!... c'est bien une toile!... leur disait Frenhofer, en se méprenant sur le but de cet examen scrupuleux. Tenez, voilà le châssis!... le chevalet!... Enfin, voici mes couleurs, mes pinceaux!...

Et il s'empara d'une brosse qu'il leur présenta par un mouvement naïf.

— Le vieux lansquenet se joue de nous!... dit Poussin en revenant devant le prétendu tableau. Je ne vois là que des couleurs confusément amassées et une multitude de lignes bizarres !...

— Nous nous trompons, voyez?... reprit Porbus.

Alors, en s'approchant, ils aperçurent dans un coin de la toile, le bout d'un pied nu qui sortait de ce chaos de couleurs, de tons, de nuances indécises, espèce de brouillard sans forme; mais un pied... un pied délicieux, un pied vivant !

Et ils restèrent pétrifiés d'admiration devant ce fragment échappé dans l'œuvre à une incroyable destruction aussi lente que progressive. Ce pied apparaissait là comme le torse de quelque Vénus en marbre de Paros qui surgirait, riche de beautés, parmi les décombres d'une ville incendiée.

— Il y a une femme là-dessous!... s'écria Porbus, en faisant remarquer à Poussin les diverses superpositions de couleurs dont le vieux peintre avait successivement chargé toutes les parties de cette figure en voulant la perfectionner.

Alors les deux peintres se tournèrent spontanément vers Frenhofer, en commençant à s'expliquer, mais vaguement, l'extase dans laquelle il vivait.

— Il est de bonne foi !... dit Porbus.

— Oui, mon ami, répondit le vieillard en se réveillant, il faut de la foi !... de la foi dans l'art, et vivre pendant long-temps avec son œuvre pour produire une création semblable... Quelques-unes de ces ombres m'ont coûté bien des travaux... Tenez ? Il y a là sur sa joue, au dessous des yeux, une légère vapeur qui, si vous l'observez dans la nature, vous paraîtra presque intraduisible... Eh bien ! croyez-vous qu'elle ne m'ait pas coûté des peines inouïes à reproduire ? Mais aussi, mon cher Porbus, regarde attentivement mon travail, et tu comprendras mieux ce que je te disais relativement à la manière dont les Flamands et les Italiens traitent la lumière et le contour... En dessinant purement la ligne d'après les enseignemens du Perugin, j'ai légèrement dégradé la lumière par des demi-tons que j'ai long-temps étudiés, et au lieu d'empâter le dehors de la ligne, j'ai disposé des ombres dans la lumière. —Approchez ?... vous verrez mieux ce travail. — De loin, il disparaît... Tenez, là, il est, je crois, très-remarquable...

Et du bout de sa brosse, il désignait aux deux peintres un pâté de couleur claire.

Porbus frappa sur l'épaule du vieillard; puis, se tournant vers Poussin :

— Savez-vous que nous voyons en lui un bien grand peintre?... dit-il.

— Il est encore plus poëte que peintre! répondit gravement Poussin.

— Là, reprit Porbus en touchant la toile, finit notre art sur terre...

— Et, de là, il va se perdre dans les cieux!... dit Poussin.

— Que de jouissances sur ce morceau de toile!... s'écria Porbus.

Le vieillard absorbé ne les écoutait pas, et souriait à cette femme imaginaire.

— Mais, tôt ou tard, il s'apercevra qu'il n'y a rien sur sa toile!... s'écria le Poussin.

— Rien!... sur... ma toile!... dit Frenhofer en regardant tour à tour les deux peintres et son prétendu tableau.

— Qu'avez-vous fait?... répondit Porbus à Poussin.

Le vieillard saisit avec force le bras du jeune homme et lui dit :

— Tu ne vois rien ?... manant ! maheustre ! belître ! bardache !... Pourquoi donc es-tu monté ici ?...

— Mon bon Porbus ?... reprit-il en se tournant vers l'autre spectateur, est-ce que, vous aussi, vous vous joueriez de moi ?... Répondez... Je vous ai rendu service, je suis votre ami... Aurais-je donc gâté mon tableau ?

Porbus, indécis, n'osa rien dire; mais, l'anxiété peinte sur la physionomie blanche du vieillard, était si cruelle, qu'il montra la toile en disant :

— Voyez !...

Frenhofer contempla son tableau pendant un moment et chancela.

— Rien !... rien !... Oh ! avoir travaillé dix ans !.....

Il s'assit et pleura.

— Je suis donc un imbécile, un fou !... Je n'ai donc ni talent ni capacité... Je ne suis plus qu'un homme riche, qui, en marchant, ne fait que marcher !... Je n'aurai donc rien produit !...

Contemplant avec douleur sa toile à travers ses larmes, il se releva tout à coup avec fierté; puis, jetant un regard étincelant aux deux peintres :

— Par le sang, par le corps, par la tête du Christ !... Vous êtes des faquins !... Allez, jaloux !... Je la vois, moi !... Elle est merveilleusement belle !... Ah ! vous craignez ma gloire !... Sortez !... Sortez !...

En ce moment, Poussin entendit les pleurs de Gillette. Elle était seule dans un coin, oubliée...

— Qu'as-tu, mon ange ?... lui demanda le peintre redevenu subitement amoureux.

— Tue-moi ! dit-elle. Je serais une infâme de t'aimer encore, car je te méprise... Tu es ma vie et tu me fais horreur... Je crois que je te hais déjà.

Le Réquisitionnaire.

Par un soir du mois de novembre 1793, les principaux personnages de Carentan se trouvaient dans le salon de madame de Dey..., chez laquelle *l'assemblée* se tenait tous les jours. Ce rendez-vous accoutumé avait excité le plus grand intérêt, pour cette soirée-là, par suite de quelques circonstances qui n'eussent point attiré l'attention d'une grande ville, mais dont une petite devait être fortement préoccupée.

La surveille, madame de Dey... avait fermé sa porte à tout le monde, et, la veille, prétextant une indisposition, elle s'était encore dispensée de recevoir sa société habituelle.

En temps ordinaire, ces deux événemens eussent fait à Carentan le même effet que produit dans Paris un *relâche* à tous les théâtres; ces jours-là, l'existence y est en quelque sorte incomplète; mais, en 1793, la conduite de madame de Dey... pouvait avoir la plus sinistre influence sur sa destinée. Alors, la moindre démarche hasardée devenait presque toujours pour les nobles une question de vie ou de mort.

Or, pour bien comprendre la curiosité vive et les étroites finesses qui animèrent pendant cette soirée les physionomies normandes de tous les personnages; et, surtout, pour partager les perplexités secrètes de madame de Dey..., il est nécessaire d'expliquer le rôle qu'elle jouait à Carentan. La position critique dans laquelle elle se trouvait en ce moment ayant été sans doute celle de bien des gens pendant la révolution, les sympathies de plus d'un lecteur acheveront de colorer ce récit.

Madame de Dey..., veuve d'un lieutenant-général, chevalier des ordres, avait quitté la cour au commencement de l'émigration. Possédant des biens considérables aux environs de Carentan, elle s'y était réfugiée, en espérant que l'influence de la terreur s'y ferait peu sentir. Ce calcul, fondé sur une exacte connaissance du pays, était juste; car, en effet, la révolution exerça peu de ravages en Basse-Normandie.

Quoique madame de Dey... ne vît jadis que les familles nobles du pays quand elle y venait visiter ses propriétés, elle avait, par politique, ouvert sa maison aux principaux bourgeois de la ville et aux nouvelles autorités, en s'efforçant de les rendre fiers de sa conquête, et de ne réveiller chez eux ni haine ni jalousie.

Gracieuse et bonne, douée de cette inexprimable douceur qui sait plaire sans recourir à l'abaissement ou à la prière, elle avait réussi à se concilier l'estime générale par un tact exquis dont les sages avertissemens lui permettaient de se tenir sur la ligne délicate où elle pouvait satisfaire à toutes les exigences de cette société mêlée, sans humilier le rétif amour-propre des parvenus ou choquer celui de ses anciens amis.

Agée d'environ trente-huit ans, elle conservait encore, non pas la beauté fraîche et nourrie des filles de la Basse-Normandie, mais une beauté grêle et pour ainsi dire aristocratique. Ses traits étaient fins et délicats ; sa taille, souple et déliée. Quand elle parlait, son pâle visage paraissait s'éclairer et prendre de la vie. Ses grands yeux noirs étaient pleins d'affabilité, mais leur expression calme et religieuse semblait annoncer que le principe de son existence n'était point en elle.

Mariée à la fleur de l'âge avec un militaire vieux et jaloux, la fausseté de sa position au milieu d'une cour galante contribua beaucoup sans doute à répandre un voile de grave mélancolie sur une figure où les charmes et la vivacité de l'amour avaient dû briller autrefois. Obligée de réprimer sans cesse les mouvemens naïfs, les émotions de la femme alors qu'elle sent encore au lieu de réfléchir, la passion était restée vierge au fond de son cœur. Aussi, son principal attrait venait-il de cette intime jeunesse que, par momens, trahissait sa physionomie, et qui donnait à ses idées une innocente expression de désir. Son aspect commandait la retenue ; mais il y avait tou-

jours dans son maintien, dans sa voix, des
promesses comme chez une jeune fille; et
bientôt, l'homme le plus insensible se trouvait
amoureux d'elle, mais en conservant toujours
une sorte de crainte respectueuse, parce que
ses manières polies imposaient, parce que son
âme, fortifiée par des luttes cruelles, semblait
placée trop loin du vulgaire, et que les hommes se faisaient justice. A cette âme, il fallait
nécessairement une grande et noble passion.
Aussi les affections de madame de Dey... s'étaient-elles concentrées dans un seul sentiment, celui de la maternité. Tout le bonheur
et le plaisir dont sa vie de femme avait été
privée, elle le retrouvait dans l'amour extrême
qu'elle portait à son fils. Elle ne l'aimait pas
seulement avec le pur et profond dévouement
d'une mère, mais avec la coquetterie d'une
maîtresse, avec la jalousie d'une épouse. Elle
était malheureuse loin de lui, inquiète pendant ses absences, ne le voyait jamais assez,
ne vivait que par lui et pour lui.

Pour faire comprendre toute la force de ce
sentiment, même par les hommes, il suffira
d'ajouter que ce fils était non-seulement l'unique enfant de madame de Dey..., mais son

dernier parent, le seul être auquel elle pût rattacher les craintes, les espérances et les joies de sa vie; car le feu comte de Dey... fut le dernier rejeton de sa famille, comme elle se trouva seule héritière de la sienne.

Tout s'était accordé pour attiser dans le cœur de la comtesse un sentiment déjà si fort chez les femmes. Elle n'avait élevé son fils qu'avec des peines infinies, qui le lui avaient rendu plus cher encore. Vingt fois les médecins lui en présagèrent la perte; mais, se confiant à ses pressentimens, à ses espérances, et en dépit des arrêts de la Faculté, elle eut la joie inexprimable de lui voir heureusement traverser les périls de l'enfance, d'admirer les progrès de sa constitution; puis, grâce à des soins constans, il avait grandi, et s'était si gracieusement développé qu'à vingt ans il passait pour un des cavaliers les plus accomplis de Versailles. Enfin, par un bonheur qui ne couronne pas les efforts de toutes les mères, elle était adorée de son fils. Leurs âmes s'entendaient par de fraternelles sympathies. S'ils n'eussent pas été liés déjà par le vœu de la nature, ils auraient instinctivement éprouvé l'un pour l'autre cette amitié d'homme si rare à rencontrer dans la vie. Nommé sous-lieutenant de dragons à dix-huit ans, le jeune comte avait obéi au point d'honneur de l'époque en suivant les princes dans leur émigration.

Ainsi madame de Dey..., noble, riche et mère d'un émigré, ne se dissimulait point les dangers de sa cruelle situation. Ne formant d'autre vœu que celui de conserver à son fils une grande fortune, elle avait renoncé au bonheur de l'accompagner. En lisant les lois rigoureuses en vertu desquelles la République confisquait chaque jour les biens des émigrés à Carentan, elle s'applaudissait de cet acte de courage. Ne gardait-elle pas les trésors de son fils au péril de ses jours? Puis, en apprenant les terribles exécutions ordonnées par la Convention, elle s'endormait heureuse de savoir sa seule richesse en sûreté loin des dangers, loin des échafauds... Alors elle se complaisait à croire qu'elle avait pris le meilleur parti pour sauver tout à la fois toutes ses fortunes.

Faisant à cette secrète pensée toutes les concessions voulues par le malheur des temps, mais sans compromettre ni sa dignité ni ses croyances, elle enveloppait ses douleurs dans un froid mystère. Elle avait compris toutes les difficultés qui l'attendaient à Carentan. Venir y occuper la première place, c'était défier l'échafaud tous les jours; mais, soutenue par un courage de mère, elle sut conquérir l'affection des pauvres en soulageant indifféremment toutes les misères, et se rendit nécessaire aux riches en veillant à leurs plaisirs.

Elle recevait le procureur de la commune, le maire, le président du district, l'accusateur public, et même les juges du tribunal révolutionnaire. Les quatre premiers de ces personnages n'étant pas mariés la courtisaient dans l'espoir de l'épouser, soit en l'effrayant par le mal qu'ils pouvaient lui faire, soit en lui offrant leur protection. L'accusateur public, ancien procureur à Caen, jadis chargé des intérêts de la comtesse, tentait de lui inspirer de l'amour par une conduite pleine de dévouement et de générosité; finesse dangereuse! C'était le plus redoutable de tous les prétendans. Lui seul connaissait à fond l'état de la fortune considérable de son ancienne cliente; et sa passion devait s'accroître de tous les désirs d'une avarice qui s'appuyait sur un pouvoir immense, sur le droit de vie et de mort dans le district.

Cet homme, encore jeune, mettait tant de noblesse dans ses procédés que madame de Dey... n'avait pas encore pu le juger. Mais, méprisant le danger qu'il y avait à lutter d'adresse avec des Normands, elle employait l'esprit inventif et la ruse que la nature a départis aux femmes pour opposer toutes ces rivalités les unes aux autres. En gagnant du temps, elle espérait arriver sauve à la fin des troubles; car, à cette époque, les royalistes de l'intérieur se flattaient tous les jours de voir la révolution terminée le lendemain; et cette conviction a été la perte de beaucoup d'entre eux.

Malgré tous ces obstacles, la comtesse avait assez habilement maintenu son indépendance jusqu'au jour où, par une inexplicable imprudence, elle s'était avisée de fermer sa porte. Elle inspirait un intérêt si profond et si véritable que toutes les personnes venues ce soir-là chez elle conçurent une vive inquiétude en apprenant que soudain il lui devenait impossible de les recevoir, et avec cette franchise de curiosité empreinte dans les mœurs provinciales, elles s'enquéraient du malheur, du chagrin, de la maladie qui affligeait madame de Dey... Mais à toutes les questions une vieille femme de charge, nommée Brigitte, répondait que sa maîtresse s'était enfermée et ne voulait pas voir même les gens de sa maison.

L'existence, en quelque sorte claustrale, que mènent les habitans d'une petite ville crée en eux une habitude d'analyser et d'expliquer les actions d'autrui si naturellement invincible qu'après avoir plaint madame de Dey... sans savoir si elle était heureuse ou chagrine, chacun se mit à rechercher les causes de sa soudaine retraite.

— Si elle était malade, dit le premier curieux, elle aurait envoyé chez le médecin. Et le docteur est resté pendant toute la journée chez moi à jouer aux échecs?... Il me disait en riant que, par le temps qui court, il n'y a qu'une maladie... et qu'elle est malheureusement incurable.

Cette plaisanterie fut prudemment hasardée.

Alors femmes, hommes, vieillards et jeunes filles se mirent à parcourir le vaste champ des conjectures. Chacun crut entrevoir un secret, et ce secret occupa toutes les imaginations. Le lendemain les soupçons s'envenimèrent. Comme la vie est à jour dans une petite ville, les femmes apprirent les premières que Brigitte avait fait au marché des provisions plus considérables qu'à l'ordinaire. Ce fait ne pouvait être contesté; car on avait vu Brigitte de grand matin sur la place, et, chose extraordinaire, elle avait acheté le seul lièvre qui s'y trouvât. Toute la ville savait que madame de Dey... n'aimait pas le gibier. Le lièvre devint un nouveau point de départ pour des suppositions infinies.

En faisant leur promenade périodique les vieillards remarquèrent dans la maison de la comtesse une sorte d'activité concentrée qui se révélait par les précautions même dont les gens se servaient pour la cacher. Le valet de chambre battait un tapis dans le jardin. La veille, personne n'y aurait pris garde; mais le tapis devint une pièce à l'appui des romans que tout le monde bâtissait; car chacun avait le sien.

Le second jour, en apprenant que madame de Dey... se disait indisposée, les principaux personnages de Carentan se réunirent le soir chez le frère du maire, vieux négociant marié, homme probe, généralement estimé, et pour lequel la comtesse avait beaucoup d'égards. Là, tous les aspirans à la main de la riche veuve eurent à raconter une fable plus ou moins probable. — Chacun d'eux pensait à faire tourner à son profit la circonstance secrète qui la forçait de se compromettre ainsi. L'accusateur public imaginait tout un drame pour amener nuitamment le fils de madame de Dey... chez elle. — Le maire croyait à un prêtre insermenté, venu de la Vendée, et qui lui aurait demandé asile ; mais l'achat du lièvre, un vendredi, l'embarrassait beaucoup. — Le président du district tenait fortement pour un chef de chouans ou de Vendéens vivement poursuivi. — D'autres voulaient un noble échappé des prisons de Paris. — Enfin tous soupçonnaient la comtesse coupable d'une de ces générosités que les lois d'alors nommaient un crime, et qui pouvaient conduire à l'échafaud. Du reste, l'accusateur public disait à voix basse qu'il fallait se taire, et tâcher de sauver l'infortunée de l'abîme vers lequel elle marchait à grands pas.

— Si vous ébruitez cette affaire... ajouta-t-il, je serai obligé d'intervenir, de faire des perquisitions chez elle... et alors !...

Il n'acheva pas; mais chacun comprit cette terrible réticence...

Les amis sincères de la comtesse s'alarmèrent tellement pour elle que, dans la matinée du troisième jour, le procureur-syndic de la commune lui fit écrire par sa femme un mot pour l'engager à recevoir pendant la soirée comme à l'ordinaire.

Le vieux négociant, plus hardi, se présenta dans la matinée chez madame de Dey... Fort du service qu'il voulait lui rendre, il exigea d'être introduit auprès d'elle; mais il resta stupéfait en l'apercevant dans le jardin, occupée à couper les dernières fleurs de ses plates-bandes pour en garnir des vases.

—Elle a sans doute donné asile à son amant!... se dit le vieillard pris de pitié pour cette charmante femme. La singulière expression du visage de la comtesse le confirma dans ses soupçons.

Vivement ému de ce dévouement naturel aux femmes, mais qui nous touche toujours, parce que tous les hommes sont flattés par les sacrifices qu'une d'elles fait à un homme, le négociant instruisit la comtesse des bruits qui couraient dans la ville et du danger où elle se trouvait.

— Car, lui dit-il en terminant, si, parmi nos fonctionnaires, il en est quelques-uns assez disposés à vous pardonner un héroïsme qui aurait un prêtre pour objet, personne ne vous plaindra si l'on vient à découvrir que vous vous immolez à des intérêts de cœur...

A ces mots, madame de Dey... regarda le vieillard avec un air d'égarement et de folie dont il frissonna, tout vieux qu'il était.

— Venez, lui dit-elle en le prenant par la main.

Elle le conduisit dans sa chambre, et là, tirant de son sein une lettre sale et chiffonnée :

— Lisez!... s'écria-t-elle en faisant un violent effort pour prononcer ce mot.

Elle tomba dans son fauteuil comme anéantie. Pendant que le vieux négociant cherchait ses lunettes et les nettoyait, elle leva les yeux sur lui, le contempla pour la première fois avec curiosité; puis, d'une voix altérée :

— Je me fie à vous... lui dit-elle doucement.

— Est-ce que je ne viens pas partager

votre crime!... répondit le bonhomme avec simplicité.

Elle tressaillit. C'était la seule fois que, dans cette petite ville, son âme généreuse eût sympathisé avec celle d'un autre.

Le vieux négociant comprit tout à coup et l'abattement et la joie de la comtesse.

Son fils avait fait partie de l'expédition de Granville. — Il écrivait à sa mère du fond de sa prison. — Il lui donnait un triste et doux espoir. Ne doutant pas de ses moyens d'évasion, il lui indiquait trois jours pendant lesquels il devait se présenter chez elle, déguisé. La fatale lettre contenait de déchirans adieux, au cas où il ne serait pas à Carentan dans la soirée du troisième jour. — Enfin il priait sa mère de remettre une assez forte somme à l'émissaire qui s'était chargé de lui apporter cette triste dépêche, à travers mille dangers.

Le papier tremblait dans les mains du vieillard.

— Et voici le troisième jour!... s'écria madame de Dey... en se levant brusquement, reprenant la lettre, et marchant avec vivacité...

— Vous avez commis des imprudences!...

lui dit le négociant. Pourquoi faire prendre des provisions?...

— Mais il peut arriver, mourant de faim, exténué de fatigue, et...

Elle n'acheva pas.

— Je suis sûr de mon frère... reprit le vieillard, je vais aller le mettre dans vos intérêts...

Alors le négociant, retrouvant la finesse qu'il avait mise jadis dans les affaires, lui dicta des conseils empreints de prudence et de sagacité.

Après être convenus de tout ce qu'ils devaient dire et faire l'un et l'autre, le vieillard alla, sous divers prétextes habilement trouvés, dans les principales maisons de Carentan, où il annonça que madame de Dey... qu'il venait de voir, recevrait dans la soirée, malgré son indisposition.

Luttant de finesse avec toutes les intelligences normandes dans l'interrogatoire que chaque famille lui imposa sur la nature de la maladie de la comtesse, il réussit à donner le change à presque toutes les personnes qui s'occupaient de cette mystérieuse affaire. Sa première visite fit merveille. Il raconta devant une vieille dame goutteuse que madame de

Dey… avait manqué périr d'une attaque de goutte à l'estomac. Le fameux Tronchin lui ayant recommandé jadis, en pareille occurrence, de se mettre sur la poitrine la peau d'un lièvre écorché vif, et de rester au lit sans se permettre le moindre mouvement, la comtesse, en danger de mort, il y a deux jours, se trouvait, après avoir ponctuellement suivi la bizarre ordonnance de Tronchin, assez bien rétablie pour recevoir ceux qui viendraient la voir pendant la soirée. Ce conte eut un succès prodigieux, et le médecin de Carentan, royaliste *in petto*, en augmenta l'effet par l'impartialité avec laquelle il discuta les savantes bizarreries du spécifique.

Néanmoins les soupçons avaient trop fortement pris racine dans l'esprit de quelques entêtés ou de quelques philosophes pour être entièrement dissipés; en sorte que, le soir, tous ceux qui étaient admis chez madame de Dey… vinrent avec empressement et de bonne heure chez elle, les uns pour épier sa contenance, les autres par amitié, la plupart saisis par le merveilleux de sa guérison.

Ils trouvèrent la comtesse assise, comme à l'ordinaire, sur une chaise, au coin de la grande cheminée en pierre de son salon, à peu près aussi modeste que tous ceux de Carentan ; car, pour ne pas blesser les étroites pensées de ses hôtes, elle s'était refusée à toutes les jouissances de luxe auxquelles elle était jadis habituée. Elle n'avait donc rien changé chez elle. Le carreau de la salle de réception n'était même pas frotté. Laissant aux murs leurs vieilles tapisseries sombres, elle gardait les meubles du pays, brûlait de la chandelle, suivait les modes de la ville, épousant la vie provinciale sans reculer ni devant les petitesses les plus dures, ni devant les privations les plus désagréables. Mais sachant que ses hôtes lui pardonneraient toutes les magnificences qui auraient leur bien-être pour but, elle ne négligeait rien quand il s'agissait de leur procurer des jouissances personnelles. Aussi leur donnait-elle d'excellens dîners. Elle allait jusqu'à feindre de l'avarice pour plaire à ces esprits calculateurs ; et, après avoir eu l'art de se faire arracher certaines concessions de luxe, elle savait tout offrir avec grâce.

Donc, vers sept heures du soir, la meilleure compagnie de Carentan se trouvait chez elle, assise sur des chaises en tapisserie, et décrivant un grand cercle devant la cheminée. La maîtresse du logis, soutenue dans son malheur par les regards compatissans que lui jetait le vieux négociant, se soumit avec un courage inouï à toutes les questions minutieuses, à tous les raisonnemens frivoles et stupides de ses hôtes. Mais à chaque coup de marteau frappé sur sa porte, ou toutes les fois que des pas retentissaient dans la rue, elle cachait ses émotions en soulevant des questions intéressantes pour la fortune du pays. Elle éleva de bruyantes discussions sur la qualité des cidres, et fut si bien secondée par le bon vieillard, qui la comprenait admirablement bien, que l'assemblée oublia presque de l'espionner en trouvant sa contenance naturelle et son aplomb imperturbable.

Mais l'accusateur public et l'un des juges du tribunal révolutionnaire restaient taciturnes, observaient avec attention les moindres mouvemens de sa physionomie, écoutaient dans la maison, malgré le tumulte; et, à plusieurs reprises, ils lui firent des questions embarrassantes, auxquelles elle répondit cependant avec une admirable présence d'esprit. Les mères ont tant de courage!

Au moment où madame de Dey... eut arrangé les parties, placé tout le monde à des tables de boston, de reversis ou de wisth, elle resta encore à causer auprès de quelques jeunes personnes avec un extrême laisser-aller, jouant son rôle en actrice consommée; puis, elle se fit demander un loto; et, prétextant qu'elle seule pouvait le trouver, elle disparut.

— J'étouffe!... ma pauvre Brigitte!... s'écria-t-elle en essuyant des larmes qui sortirent vivement de ses yeux, brillans de fièvre, de douleur et d'impatience.

— Il ne vient pas, reprit-elle en regardant la chambre où elle était montée.

— Ici, je respire et je vis!... Encore quelques momens et il sera là; pourtant! car il vit encore, j'en suis certaine. — Mon cœur me le dit. — N'entendez-vous rien, Brigitte?..... Oh! je donnerais le reste de ma vie pour savoir s'il est en prison ou s'il marche à travers la campagne!.... — Je voudrais ne pas penser!....

Elle examina de nouveau si tout était en ordre dans l'appartement.

Un bon feu brillait dans la cheminée; les

volets étaient soigneusement fermés ; les meubles reluisaient de propreté. La manière dont le lit avait été fait prouvait que la comtesse s'était occupée avec Brigitte des moindres détails ; et ses espérances étaient écrites dans les soins délicats que trahissait l'ensemble de cette chambre. Il y avait toute la gracieuse douceur de l'amour et ses plus chastes caresses dans les parfums exhalés par les fleurs. Une mère seule pouvait avoir prévu les désirs d'un soldat et lui préparer d'aussi complètes satisfactions. — Un repas exquis, des vins choisis, la chaussure, le linge, enfin tout ce qui devait être nécessaire ou agréable à un homme qui voyage se trouvait rassemblé pour que rien ne lui manquât, pour que les délices du chez-soi lui révélassent l'amour d'une mère, pour qu'il n'eût aucun souhait à former.

— Brigitte ?... dit la comtesse d'un son de voix déchirant, en allant placer un siége devant la table, comme pour donner de la réalité à ses vœux, comme pour augmenter la puissance de ses illusions.

— Ah ! madame, il viendra !.... Il n'est pas loin.....

— Je ne doute pas qu'il ne vive et qu'il ne

soit en marche... reprit Brigitte, car j'ai mis une clef dans la Bible, et je l'ai tenue sur mes doigts pendant que Cottin lisait l'Evangile de saint Jean... Et — Madame! la clef n'a pas tourné.

— Est-ce bien sûr?... demanda la comtesse.

— Oh! madame, c'est connu... Je gagerais mon salut qu'il vit encore... Dieu ne peut pas se tromper.

— Oh! malgré tout le danger qui l'attend ici, je voudrais bien cependant l'y voir...

— Pauvre monsieur Auguste! s'écria Brigitte, il est à pied, par les chemins.

— Et voilà huit heures qui sonnent au clocher!... s'écria la comtesse avec terreur.

Puis, frissonnant d'être restée plus longtemps qu'elle ne le devait, peut-être, dans cette chambre, où elle croyait à la vie de son fils, en voyant tout ce qui lui attestait la vie, elle descendit; mais avant d'entrer au salon, elle resta pendant un moment sous le péristyle de l'escalier, écoutant si quelque bruit ne réveillait pas les silencieux échos de la ville. Elle sourit au mari de Brigitte, qui se tenait en sentinelle, et dont les yeux semblaient hébétés à force de prêter attention, comme elle, aux murmures de la place et de la nuit. Elle voyait son fils en tout, partout.

Affectant un air gai, elle rentra bientôt, et se mit à jouer au loto avec de petites filles ; mais, de temps à autre, elle se plaignit de souffrir, et revint occuper son fauteuil auprès de la cheminée......................
....

Telle était la situation des choses et des esprits dans la maison de madame Dey......, pendant que, sur le chemin de Paris à Cherbourg, un jeune homme vêtu d'une carmagnole brune, costume de rigueur à cette époque, se dirigeait vers Carentan.

A l'origine des réquisitions, il y avait peu ou point de discipline, et les exigences du moment ne permettant guère à la république d'équiper sur-le-champ ses soldats, il n'était pas rare de voir les chemins couverts de réquisitionnaires qui conservaient leurs habits bourgeois, et devançaient leurs bataillons aux lieux d'étape, ou restaient fort en arrière ; la marche de ces jeunes gens étant soumise à la manière dont ils supportaient les fatigues d'une longue route.

Le jeune voyageur dont il est ici question se trouvait assez en avant de la colonne de réquisitionnaires qui se rendait à Cherbourg, et que le maire de Carentan attendait d'heure en heure, afin de distribuer à ces défenseurs de la patrie leurs billets de logement. Ce jeune homme marchait d'un pas alourdi, mais ferme encore, et toute son allure semblait annoncer qu'il était familiarisé depuis long-temps avec les fatigues de la vie militaire. Quoique la lune éclairât les herbages qui avoisinent Carentan, il avait remarqué de gros nuages blancs prêts à jeter de la neige sur la campagne; et la crainte d'être surpris par un ouragan animait sans doute sa démarche, car elle était plus vive que ne le comportaient les fatigues de la journée.

Il avait sur le dos un sac presque vide, et tenait à la main une canne de buis, coupée dans les hautes et larges haies que cet arbuste forme autour de la plupart des héritages en Basse-Normandie.

Ce voyageur solitaire entra dans Carentan,

dont les tours, bordées par la lune de lueurs capricieuses, lui apparaissaient depuis un moment. Son pas réveilla les échos des rues silencieuses ; et, ne rencontrant personne, le jeune homme fut obligé de demander, à un tisserand qui travaillait encore, la maison du maire. Ce magistrat demeurait heureusement à une faible distance ; et bientôt le réquisitionnaire se vit à l'abri sous le porche de la maison du digne homme, et s'y assit sur un banc de pierre, en attendant le billet de logement qu'il avait réclamé.

Le maire l'ayant mandé, il comparut devant lui, et devint l'objet d'un scrupuleux examen.

L'inconnu était un jeune homme de bonne mine, et paraissait appartenir à une famille distinguée. Il y avait un certain air de noblesse dans son air, et l'intelligence due à une bonne éducation respirait sur sa figure.

Le maire lui adressa un regard plein d'intérêt et de finesse, après s'être assuré qu'ils étaient seuls.

—Comment te nommes-tu ?... lui demanda-t-il.

— Julien Jussieu... répondit le réquisitionnaire.

Le magistrat laissa échapper un sourire d'incrédulité.

— Et tu viens ?...

— De Paris...

— Tes camarades sont loin !... reprit le maire d'un ton railleur.

— J'ai trois lieues d'avance sur le bataillon...

— Il y a, sans doute, quelque chose qui t'attire à Carentan, citoyen réquisitionnaire! dit le maire d'un air fin.

— C'est bien !... ajouta-t-il en imposant silence par un geste de main au jeune homme prêt à parler. C'est bien !...... nous savons où t'envoyer...

— Tiens... ajouta-t-il en lui remettant son billet de logement, va, *citoyen Jussieu !*...

Il y avait une teinte d'ironie douce et bienveillante dans l'accent avec lequel le magistrat prononça ces deux derniers mots.

Et le maire lui tendit un billet sur lequel la demeure de madame de Dey... était indiquée.

Le jeune homme lut l'adresse avec un air de curiosité.

— Il sait bien qu'il n'a pas loin à aller... Et quand il sera dehors, il aura bientôt traversé la place! s'écria le maire en se parlant à lui-même, pendant que le jeune homme sortait.

— Il est joliment hardi!... Que Dieu le conduise!... Il a réponse à tout... Oui, mais si je lui avais demandé à voir ses papiers!...

. . . .

En ce moment, toutes les cloches et toutes les horloges de Carentan ayant sonné neuf heures et demie, les fallots s'allumaient dans l'antichambre de madame de Dey... Les domestiques aidaient leurs maîtresses et leurs maîtres à mettre leurs sabots, leurs houppelandes ou leurs mantelets; et les joueurs, ayant soldé leurs comptes, allaient se retirer tous ensemble, suivant l'usage établi dans toutes les petites villes.

— Il paraît que l'accusateur veut rester!... dit une dame en s'apercevant que ce personnage important manquait dans le groupe à l'instant où chacun se sépara sur la place pour regagner son logis, après avoir épuisé toutes les formules d'adieu...

En effet ce terrible magistrat était seul avec la comtesse, qui, tremblante, attendait qu'il lui plût de sortir.

— Citoyenne, dit-il enfin après un long silence qui eut quelque chose d'effrayant, je suis ici pour faire observer les lois de la république...

Madame de Dey... frissonna.

— N'as-tu donc rien à me révéler?... demanda-t-il.

— Rien... répondit-elle étonnée.

— Ah! madame, s'écria l'accusateur en s'asseyant auprès d'elle et changeant de ton, pardonnez-moi... Mais, en ce moment, faute d'un mot, vous ou moi pouvons porter notre tête sur l'échafaud. J'ai trop bien observé votre caractère, votre âme, vos manières, pour partager l'erreur dans laquelle vous avez su mettre votre société ce soir. — Vous attendez votre fils, je n'en saurais douter.

La comtesse laissa échapper un geste de

dénégation; mais elle avait pâli; les muscles de son visage s'étaient contractés par la nécessité où elle se trouvait d'afficher une fermeté trompeuse, et l'œil implacable de l'accusateur public fixé sur elle ne perdit aucun de ses mouvemens.

— Eh bien! recevez-le... reprit le magistrat révolutionnaire; — mais qu'il ne reste pas plus tard que sept heures du matin sous votre toit: car demain, au jour, armé d'une dénonciation que je me ferai faire, je viendrai chez vous...

Elle le regarda d'un air stupide qui aurait fait pitié à un tigre.

— Je démontrerai, poursuivit-il d'une voix douce, la fausseté de la dénonciation par d'exactes perquisitions, et vous serez, par la nature de mon rapport, à l'abri de tous soupçons ultérieurs. Je parlerai de vos dons patriotiques, de votre civisme, et nous serons *tous* sauvés...

Madame de Dey..., craignant un piége, restait immobile; mais son visage était en feu et sa langue glacée...

Un coup de marteau retentit dans la maison.

— Ah!... cria la mère épouvantée.

Elle tomba à genoux.

— Le sauver!... le sauver!...

— Oui... sauvons-le!... reprit l'accusateur public, en lui lançant un regard de passion ; dût-il *nous* coûter la vie!...

— Je suis perdue!... s'écria-t-elle pendant que l'accusateur la relevait avec politesse.

— Eh! madame, répondit-il par un beau mouvement oratoire, je ne veux vous devoir à rien... qu'à vous-même.

— Madame, le voilà, le voi..., s'écria Brigitte, croyant sa maîtresse seule.

A l'aspect de l'accusateur public, la vieille servante, de rouge et joyeuse qu'elle était, devint immobile et blême.

— Qui est-ce, Brigitte?... demanda le magistrat d'un air doux et intelligent.

— Un réquisitionnaire que le maire nous envoie à loger!...... répondit la servante en montrant le billet.

— C'est vrai, dit l'accusateur après avoir lu le papier. Il nous arrive un bataillon ce soir!...

Et il sortit. La comtesse avait trop besoin de croire en ce moment à la sincérité de son ancien procureur pour concevoir le moindre doute ; alors elle monta rapidement l'escalier, palpitante, ayant à peine la force de se soutenir ; puis, le cœur serré, elle ouvrit la porte de la chambre, vit son fils, et se précipitant dans ses bras, mourante :

— Oh ! mon enfant, mon enfant, mon cher enfant !... s'écria-t-elle en sanglotant, versant un torrent de larmes, et le couvrant de baisers empreints d'une sorte de frénésie.

— Madame... dit l'inconnu.

— Ah ! ce n'est pas lui !... cria la mère en reculant d'épouvante.

Elle resta debout en contemplant le réquisitionnaire d'un air hagard et d'un œil sec.

— O saint bon Dieu ! quelle ressemblance !... dit Brigitte.

Il y eut un moment de silence, et l'étranger lui-même tressaillit à l'aspect de madame de Dey...

— Ah ! monsieur.... dit-elle en s'appuyant sur le mari de Brigitte, et sentant alors dans toute son étendue une douleur dont la première atteinte avait failli la tuer; monsieur, je ne saurais vous voir plus long-temps... Souffrez que mes gens me remplacent et s'occupent de vous...

Elle descendit chez elle, appuyée sur les bras de Brigitte et du vieux serviteur.

— Comment, madame! s'écria la femme de charge en asseyant sa maîtresse; est-ce que cet homme va coucher dans le lit de M. Auguste, mettre les pantoufles de M. Auguste, manger le pâté que j'ai fait pour M. Auguste!... Ah! quand on devrait me guillotiner, je...

— Brigitte! cria madame de Dey...

Brigitte resta muette.

— Tais-toi donc, bavarde! lui dit son mari à voix basse. Veux-tu tuer madame?...

En ce moment, le réquisitionnaire fit du bruit dans sa chambre en se mettant à table.

— Ah! je ne resterai pas ici, s'écria madame de Dey;... j'irai dans la serre, d'où j'entendrai mieux ce qui se passera au dehors pendant la nuit...

Elle flottait encore entre la crainte d'avoir

perdu son fils et l'espérance de le voir reparaître...

La nuit fut horriblement silencieuse. Il y eut, pour la comtesse, un moment affreux, quand le bataillon des réquisitionnaires vint en ville et que chaque homme y chercha son logement. Ce furent des espérances trompées à chaque pas, à chaque bruit; puis bientôt la nature reprit un calme effrayant.

Vers le matin, la comtesse fut obligée de rentrer chez elle. Brigitte, qui surveillait les mouvemens de sa maîtresse, ne la voyant pas sortir, entra dans la chambre et y trouva la comtesse morte!

— Elle aura probablement entendu ce réquisitionnaire qui achève de s'habiller et qui marche dans la chambre de M. Auguste en chantant leur damnée *Marseillaise*, comme s'il était dans une écurie, s'écria Brigitte. — Ça l'aura tuée!...

Mais la mort de la comtesse fut causée par un sentiment plus grave, et sans doute par quelque vision terrible.

A l'heure précise où madame de Dey...

mourait à Carentan, son fils était fusillé dans le Morbihan.

Nous pouvons joindre ce fait tragique à toutes les observations sur les sympathies qui méconnaissent les lois de l'espace ; documens que rassemblent avec une savante curiosité quelques hommes de solitude, et qui serviront un jour à asseoir les bases d'une science nouvelle à laquelle il a manqué jusqu'à ce jour un docteur Gall.

Étude de Femme.

Février 1830.

La comtesse de *** est une de ces jeunes femmes élevées dans l'esprit de la restauration; elle a des principes; elle fait maigre; elle communie; mais elle va très-parée au bal, aux Bouffes et à l'Opéra. Son directeur lui permet d'allier ainsi le profane et le sacré. Toujours en règle avec l'église et avec le monde, elle offre une image exacte du temps présent qui semble avoir pris le mot de *légalité* pour épigraphe.

Il y a dans la conduite de la comtesse précisément assez de dévotion pour qu'elle puisse arriver sous une nouvelle Maintenon, à la sombre piété des derniers jours de Louis XIV, et assez de mondanité pour qu'elle adopte insensiblement les mœurs galantes des premiers jours de ce règne, s'il revenait. En ce moment, elle est vertueuse par calcul, ou par goût peut-être. Elle est mariée depuis sept ans au comte de ***. C'est un homme assez insignifiant; il est bien en cour. Ses qualités sont négatives comme ses défauts ; les unes ne peuvent pas plus lui faire une réputation de vertu que les autres ne lui donnent l'espèce d'éclat jeté par les vices. Député, il ne parle jamais; mais il vote *bien*. Il se comporte dans son ménage comme à la Chambre ; c'est le meilleur mari de France. S'il n'est pas susceptible de s'exalter, il ne gronde jamais, à moins qu'on ne le fasse attendre. Ses amis l'ont nommé *le temps couvert*. Il n'y a, en effet, chez lui, ni lumière trop vive, ni obscurité complète : il ressemble à tous les ministères qui se sont succédés en France depuis la Charte. Or, pour une femme à principes, il était difficile de tomber en de meilleures mains. C'est beaucoup pour une femme vertueuse que d'avoir épousé un homme incapable de faire des sottises.

Il s'est rencontré des dandys qui ont eu l'impertinence de presser légèrement la main de la comtesse en dansant avec elle. Ils n'ont recueilli que des regards de mépris, et cette indifférence insultante qui, semblable aux gelées du printemps, détruit le germe des plus belles espérances. Les beaux, les spirituels, les fats, les gens à petites cannes, ceux à grand nom ou à grosse renommée, haute et petite volée, auprès d'elle tout a blanchi. Elle a conquis le droit de causer aussi long-temps et aussi souvent qu'elle le veut avec les hommes qui lui semblent spirituels, sans qu'elle soit couchée sur l'album de la médisance. Il y a des coquettes capables de suivre ce plan-là pendant sept ans pour se forger un bouclier ; mais supposer cette arrière-pensée à la comtesse de***, serait la calomnier.

J'ai eu le bonheur de voir ce phénix des comtesses; et comme je sais écouter, qualité rare, je lui ai plu. Je vais à ses soirées. C'était là où tendait mon ambition. Madame de*** n'est ni laide ni jolie. Elle a les dents blanches, le teint éclatant et les lèvres très-rouges. Elle est grande et bien faite. Elle a le pied petit, fluet, et ne l'avance pas. Ses yeux, loin d'être éteints, comme tous les yeux parisiens, ont un éclat doux qui devient magique, si par hasard elle s'anime. On devine une âme à tra-travers cette forme indécise. Si elle s'intéresse à la conversation, elle déploie une grâce ensevelie sous les précautions d'un maintien froid, et alors elle devient charmante. Elle ne veut pas de succès et en obtient; car on trouve toujours ce qu'on ne cherche pas. Cette phrase est trop souvent vraie pour ne pas se changer un jour en proverbe. Ce sera la moralité de cette aventure, que je ne me permettrais pas de raconter, si elle ne retentissait en ce moment dans tous les parloirs de Paris.

La comtesse de *** a dansé il y a un mois environ avec un jeune homme aussi modeste qu'il est étourdi; plein de bonnes qualités, et ne laissant voir que ses défauts, il est passionné et se moque des passions; il a du talent, et il le cache; il fait le savant avec les aristocrates et fait de l'aristocratie avec les savans. C'est un de ces jeunes gens très-sensés qui essaient de tout et semblent tâter les hommes pour savoir ce que porte l'avenir. Il a de l'originalité et de la grâce, ce qui est rare.

Ernest de M... a causé sans préméditation de succès avec la comtesse de ***. Il est resté une demi-heure auprès d'elle; et, tout en se jouant des caprices d'une conversation qui, après avoir commencé à l'opéra de Guillaume Tell, en était venue aux devoirs des femmes, il avait plus d'une fois regardé la comtesse de manière à l'embarrasser. Puis il la quitta et ne lui parla plus de toute la soirée. Il dansa, se mit à l'écarté, perdit et s'en alla se coucher.

J'ai l'honneur de vous affirmer que tout se passa ainsi: je n'ajoute ni ne retranche rien.

Le lendemain matin, Ernest se réveilla tard, resta dans son lit et se livra sans doute à quelques-unes de ces rêveries matinales, pendant lesquelles un jeune homme se glisse, comme un sylphe, sous plus d'une courtine de soie, de cachemire ou de coton; et alors plus le corps est lourd de sommeil, plus l'esprit est agile. Mais enfin Ernest se leva sans trop bâiller, comme font tant de gens mal appris, sonna son valet de chambre, se fit apprêter du thé, en but immodérément; ce qui ne paraîtra pas extraordinaire aux personnes qui aiment le thé ; mais pour expliquer cette circonstance aux gens qui ne l'acceptent que comme la panacée des indigestions, j'ajouterai qu'Ernest écrivait. Il était commodément assis, et avait les pieds plus souvent sur ses chenets que dans sa chancelière. Oh! avoir les pieds sur la barre polie qui réunit les deux griffons d'un garde-cendre, et penser à ses amours quand on se lève et qu'on est en robe de chambre!... homme ou femme, c'est chose si délicieuse, que je regrette infiniment de n'avoir ni maîtresse, ni chenets, ni robe de chambre ; mais quand j'aurai tout cela, je n'écrirai pas de roman, j'en ferai !...

La première lettre qu'Ernest écrivit fut achevée en un quart d'heure. Il la plia, la cacheta et la laissa devant lui sans y mettre l'adresse. La seconde lettre, commencée à onze heures, ne fut finie qu'à midi. Les quatre pages étaient pleines.

— Cette femme me trotte dans la tête!..... dit-il.

Il plia cette seconde épître, la cacheta, la laissa devant lui, sauf à y mettre l'adresse ; puis, croisant les deux pans de sa robe de chambre à ramages, il posa ses pieds sur un tabouret, coula ses mains dans les goussets de son pantalon de cachemire rouge, et se renversa dans une délicieuse bergère à oreilles, dont le siége et le dossier décrivaient l'angle confortable de cent vingt degrés. Il ne prit plus de thé et resta immobile, les yeux attachés sur la main dorée qui couronnait sa pelle, sans voir ni main, ni pelle, ni dorure. Il ne tisonna même pas. Faute immense !... C'est un plaisir bien vif de tracasser le feu quand on pense aux femmes ! Notre esprit prête des phrases aux petites langues bleues qui se dégagent soudain et babillent dans le foyer. On interprète le langage puissant et brusque d'un *bourguignon*.*. L'on tremble en voyant rouler comme une avalanche le charbon qu'on avait si industrieusement essayé de poser entre deux bûches flamboyantes... Oh! tisonner

---

* *Bourguignon* est le nom populaire et symbolique donné, depuis Charles VI, à ces détonations bruyantes dont l'effet est d'envoyer sur un tapis, sur une robe, un petit charbon, léger principe d'incendie.

Le feu dégage, dit-on, une bulle d'air qu'un ver rongeur a laissée dans le cœur du bois. *Indè amor, indè burgundes.*

(Note d'un étymologiste très-distingué qui a désiré garder l'anonyme.)

quand on aime, c'est développer matériellement sa pensée.

Ce fut en ce moment que j'entrai chez Ernest. Il fit un petit soubresaut et me dit :

— Ah! te voilà!... Depuis quand es-tu là?

— J'arrive...

— Ah!...

Il prit les deux lettres, y mit les adresses et sonna son domestique.

— Porte cela en ville.

Et Jean y alla sans faire d'observations : excellent domestique!

Nous nous mîmes à causer de l'expédition d'Alger, dans laquelle je désirais être employé en qualité d'historiographe et rédacteur de bulletins militaires; mais Ernest m'ayant fait observer que ma qualité de romancier jetterait de la défaveur sur le récit des opérations, nous parlâmes de choses indifférentes. Je ne crois pas que l'on me sache mauvais gré de supprimer notre conversation.

Quand la comtesse de *** se leva, sur les deux heures après midi, sa femme de chambre lui remit une lettre. Elle la lut pendant que Thérèse la coiffait. (Imprudence que j'ai vu commettre à beaucoup de jeunes femmes.)

O cher ange d'amour! trésor de vie et de bonheur.....

A ces mots, la comtesse allait jeter la lettre au feu; mais il lui passa par la tête une fantaisie que toute femme vertueuse comprendra merveilleusement, et qui était de voir comment un homme qui débutait ainsi pouvait finir.

Elle lut. Quand elle eut tourné la quatrième page, elle laissa tomber ses bras comme une personne fatiguée.

— Thérèse, allez savoir qui a remis cette lettre chez moi.

— Madame, je l'ai reçue du valet de chambre de M. le marquis Ernest de M...

Il se fit un long silence.

— Madame veut-elle s'habiller? demanda Thérèse.

— Non.

— Il faut qu'il soit bien impertinent! pensa la comtesse. . . . .
. . . .

Je prie toutes les femmes d'imaginer elles-mêmes le commentaire. Madame de*** le termina par la résolution bien formelle de consigner M. Ernest à sa porte ; et, si elle le rencontrait dans le monde, de lui témoigner plus que du dédain. Son insolence ne pouvait se comparer à aucune de celles que la comtesse avait fini par excuser jadis. Elle avait d'abord voulu garder la lettre ; mais, toute réflexion faite, elle la brûla.

— Madame vient de recevoir une fameuse déclaration d'amour, et — elle l'a lue,... dit Thérèse à la femme de charge.

— Je n'aurais jamais cru cela de madame !... répondit la vieille tout étonnée.

Le soir, la comtesse alla chez le marquis de L..., où M. Ernest devait probablement se trouver. C'était un samedi. Le marquis de L...... étant son oncle, il ne pouvait pas manquer de venir pendant la soirée. A deux heures du matin, madame de***, qui n'était restée que pour accabler le jeune homme de sa froideur, l'avait attendu vainement. Un homme d'esprit, M. de Stendalh, a eu la bizarre idée de nommer *cristallisation* le travail que la pensée de madame de*** fit pendant et après cette soirée. On a bien appelé les réformateurs littéraires des romantiques !... Va pour cristallisation : le mot me plaît.

Quatre jours après, Ernest grondait son valet de chambre.

— Ah ça ! Jean, je vais être forcé de te renvoyer, mon garçon !

— Plaît-il, Monsieur ?...

— Tu ne me fais que des sottises. Où as-tu porté les deux lettres que je t'ai remises vendredi ?

Jean devint stupide. Semblable à ces figures de cathédrale, il resta immobile, entièrement absorbé par le travail de son imaginative. Tout à coup il sourit bêtement et dit :

— Monsieur, l'une était pour madame la comtesse de***, rue du Faubourg-Saint-Honoré, et l'autre pour l'avoué de Monsieur.....

— Es-tu certain de ce que tu dis là ?

Jean demeura tout interdit.

Je vis bien qu'il fallait que je m'en mêlasse.

— Jean a raison, dis-je.

Ernest se tourna de mon côté.

—J'ai lu les adresses fort involontairement, et.....

— Et,... dit Ernest en m'interrompant, l'une des lettres n'était pas pour la vicomtesse de B...?

— Non, de par tous les diables !... et j'ai cru, mon cher, que ton cœur avait pirouetté de la rue Saint-Dominique au faubourg Saint-Honoré.

Ernest se frappa le front du plat de la main et se mit à sourire. Jean vit bien que la faute ne venait pas de lui.

Maintenant, voilà où sont les moralités que tous les jeunes gens devraient méditer.

Première faute : Ernest trouva plaisant de faire rire madame*** de la méprise qui l'avait rendue maîtresse d'une lettre d'amour.

Deuxième faute : Il n'alla chez madame de*** que quatre jours après l'aventure; laissant ainsi les pensées d'une vertueuse jeune femme se *cristalliser*.

Il y avait encore une dizaine de fautes qu'il faut passer sous silence, afin de donner aux dames le plaisir de les déduire *ex professo* à ceux qui ne les trouveront pas.

Ernest arrive à la porte de la comtesse de***; mais quand il veut passer, le concierge l'arrête et lui dit que madame la comtesse est sortie. Comme il remontait en voiture, le comte entra.

— Venez donc, Ernest : ma femme est chez elle.

Oh! excusez le comte!... c'est un mari; et, tel bon que l'on soit, il est difficile d'atteindre à la perfection.

En montant l'escalier, Ernest de M... faisait des réflexions. Il s'aperçut alors des dix fautes de logique mondaine qui se trouvaient dans ce passage de sa vie.

Quand madame de *** vit son mari entrer avec Ernest, elle ne put s'empêcher de rougir. Le jeune marquis observa cette rougeur subite; et, comme l'homme le plus modeste a toujours un petit fond de fatuité dont il ne se dépouille pas plus que la femme ne se sépare de sa fatale coquetterie, il se dit en lui-même :

— Quoi! cette forteresse aussi?...

Et il se posa dans sa cravate; car, bien que les jeunes gens ne soient pas très-avares, ils aiment tous à mettre une tête de plus dans leur médailler.

M. le comte de ***, se saisissant de la *Gazette de France* qu'il aperçut dans un coin de la cheminée, alla vers l'embrasure d'une fenêtre pour acquérir au jour, et le journaliste aidant, une opinion à lui sur l'état de la France.

Une femme, voire une prude, ne reste pas long-temps embarrassée, même dans la situation la plus difficile où elle puisse se trouver. Il semble qu'elle ait toujours à la main la feuille de figuier dont notre mère Eve lui a fait présent. Aussi, quand Ernest interprétant en faveur de sa vanité la consigne donnée à la porte, salua madame de *** d'un air passablement délibéré, elle sut voiler toutes ses pensées par un de ces sourires féminins plus impénétrables que la parole d'un roi.

— Seriez-vous indisposée, Madame? car vous avez fait défendre votre porte...

— Non, Monsieur.

— Vous alliez sortir, peut-être?

— Pas davantage.

— Vous attendiez quelqu'un?

— Personne.

— Si ma visite est indiscrète, ne vous en prenez qu'à M. le comte; j'obéissais à votre mystérieuse volonté, quand il m'a lui-même introduit dans le sanctuaire...

— M. le comte n'était pas dans ma confidence; — il n'est pas toujours prudent de mettre un mari au fait de certains secrets...

L'accent ferme et doux dont la comtesse prononça ces paroles et le regard imposant qu'elle lança firent bien juger à Ernest qu'il s'était trop pressé de se poser dans sa cravate.

— Madame, je vous comprends!... dit-il en riant. Alors je dois me féliciter doublement d'avoir rencontré M. le comte, puisqu'il me procure l'occasion de vous présenter une justification qui serait pleine de dangers si vous n'étiez pas la bonté même.

La comtesse regarda le jeune marquis d'un air assez étonné; mais elle répondit avec dignité :

— Monsieur, je vous prie de garder le silence; ce sera de votre part la meilleure des excuses : moi, je vous promets le plus entier oubli. C'est une espèce de pardon que vous méritez à peine.

— Madame, dit vivement Ernest, le pardon est inutile quand il n'y a pas eu d'offense. La lettre, ajouta-t-il à voix basse, que vous avez reçue et qui a dû vous paraître si inconvenante, ne vous était pas destinée.

La comtesse ne put s'empêcher de sourire.

— Pourquoi mentir?... reprit-elle d'un air dédaigneusement enjoué, mais d'un son de voix assez doux; maintenant que je vous ai grondé, je rirai volontiers d'une ruse de guerre qui n'est pas sans malice. Il y a de pauvres femmes qui s'y prendraient. — Dieu! comme il aime!... diraient-elles. — Madame de *** se mit à rire forcément, puis elle ajouta d'un air d'indulgence:— Si nous voulons rester amis, qu'il ne soit plus question de méprises dont je ne puis être dupe.

— Sur mon honneur, Madame, vous l'êtes beaucoup plus que vous ne pensez... répliqua vivement Ernest.

— Mais de quoi parlez-vous donc là?... demanda le comte qui écoutait, depuis un instant, la conversation, sans en pouvoir percer l'obscurité.

—Oh! cela n'est pas intéressant pour vous!... répondit la comtesse.

M. de *** reprit tranquillement la lecture de son journal.

— Savez-vous, Monsieur, reprit madame de *** en se tournant vers Ernest, que vous venez de dire une impertinence?....

— Si je ne connaissais pas la rigueur de vos principes, répondit naïvement Ernest, je croirais que vous voulez ou vous amuser de moi, ou me donner des idées dont je me défends, ou m'arracher mon secret.

La comtese sourit. Ce sourire impatienta Ernest.

— Puissiez-vous, Madame, dit-il, toujours croire à une offense que je n'ai point commise! et je souhaite bien ardemment que le hasard ne vous fasse pas découvrir dans le monde la personne qui devait lire cette lettre...

— Ce serait pour la vicomtesse! s'écria madame de ***, plus curieuse de pénétrer un secret que de se venger des épigrammes du jeune homme.

Ernest rougit, car il faut être bien vieux pour ne pas rougir en entendant prononcer le nom d'une *bien-aimée;* mais il dit avec assez de sang-froid : — Oh! non, madame!...

Voilà les fautes que l'on commet à vingt-cinq ans!...

Cette confidence causa une commotion violente à madame de ***; mais Ernest ne sait pas encore analyser un visage de femme en le regardant à la hâte ou de côté. Les lèvres seules de la comtesse avaient pâli. Elle se leva, et le marquis fut obligé d'en faire autant.

— Si cela est, dit-elle d'un air froid et composé, il vous serait difficile de m'expliquer, Monsieur, comment mon nom a pu se trouver sous votre plume; car il n'en est pas d'une adresse écrite sur une lettre comme du claque d'un voisin qu'on peut, par étourderie, prendre pour le sien, en quittant le bal.

Ernest décontenancé regarda la comtesse d'un air hébété; puis, sentant qu'il devenait ridicule, il balbutia une phrase d'écolier, salua et sortit.

Quelques jours après, la comtesse acquit des preuves irrécusables de la véracité d'Ernest. Voici seize jours qu'elle ne va plus dans le monde.

Le comte de *** dit à tous ceux qui lui demandent raison de ce changement : — Ma femme a une gastrite.

Les deux Rêves.

> Les choses humaines n'ont-elles pas
> même principe?
>
> (Montaigne.)

Bodard de Saint-Jame, trésorier de la marine, était, en 1786, celui des financiers de Paris dont le luxe excitait l'attention et les caquets de la ville. A cette époque, il faisait construire, à Neuilly, sa célèbre *folie*, et sa femme achetait, pour couronner le dais de son lit, une garniture de plumes dont le prix avait effrayé la reine. Alors il était bien plus facile qu'aujourd'hui de se mettre à la mode et d'occuper de soi tout Paris; souvent il suffisait d'un bon mot ou d'une fantaisie de femme.

Bodard possédait le magnifique hôtel de la place Vendôme, que le fermier-général Dangé avait, depuis peu, quitté par force. Ce célèbre épicurien venait de mourir; et le jour de son enterrement, M. de Bièvre, son intime ami, avait trouvé matière à rire en disant : *qu'on pourrait maintenant passer par la place Vendôme sans danger.* Cette allusion au jeu d'enfer qu'on jouait chez le défunt fut toute son oraison funèbre. L'hôtel est celui qui fait face à la chancellerie [1].

Pour achever en deux mots l'histoire de Bodard, c'était un pauvre homme. Il fit une faillite de quatorze millions après celle du prince de Guéménée ; et la maladresse qu'il mit à ne pas précéder la sérénissime banqueroute, pour me servir de l'expression de Lebrun-Pindare, fut cause qu'on ne parla même pas de lui. Il mourut, comme Bourvalais, Bouret et tant d'autres, dans un grenier.

Madame de Saint-Jame avait pour ambition

---

[1] On nomme ainsi l'hôtel où est situé le ministère de la justice à Paris.

de ne recevoir chez elle que des gens de qualité, vieux ridicule toujours nouveau. Pour elle, les mortiers du parlement étaient déjà fort peu de chose; elle voulait voir dans ses salons des personnes titrées qui eussent au moins les grandes entrées à Versailles. Dire qu'il vint beaucoup de cordons bleus chez la jolie financière, ce serait mentir; mais il est très-certain qu'elle avait réussi à obtenir les bontés et l'attention de quelques membres de la famille de Rohan, comme le prouva par la suite le trop fameux procès du collier.

Un soir, c'était, je crois, le 2 août 1786, je fus très-surpris de rencontrer dans le salon de cette trésorière, si prude à l'endroit des preuves, deux nouveaux visages qui me parurent *assez mauvaise compagnie*. Elle vint à moi dans l'embrasure d'une croisée où j'avais été me nicher avec intention.

— Dites-moi donc, lui demandai-je en lui désignant par un coup d'œil interrogatif l'un des inconnus, quelle est cette *espèce*-là? Comment avez-vous cela chez vous?

— C'est un homme charmant!...

— Le voyez-vous à travers le prisme de l'amour, ou me trompé-je?

— Vous ne vous trompez pas, reprit-elle en riant, il est laid comme une chenille; mais... il m'a rendu le plus immense service qu'une femme puisse recevoir d'un homme.

Comme je la regardais malicieusement, elle se hâta d'ajouter :

— Il m'a radicalement guérie de ces odieuses rougeurs qui me couperosaient le teint et me faisaient ressembler à une paysanne...

Je haussai les épaules avec humeur.

— C'est un charlatan! m'écriai-je.

— Non, répondit-elle, c'est le chirurgien des pages. Il a beaucoup d'esprit, je vous jure, et d'ailleurs il écrit. C'est un savant physicien.

— Si son style ressemble à sa figure... repris-je en souriant. — Mais l'autre ?

— Qui ?... l'autre.

— Ce petit monsieur pincé, propret, poupin, et qui a l'air d'avoir bu du verjus.

— Mais c'est un homme bien né, me dit-elle. Il arrive de je ne sais quelle province. Il est chargé de terminer une affaire qui concerne le cardinal, et c'est Son Éminence elle-même qui l'a présenté à M. de Saint-Jame. Ils ont choisi tous deux Saint-Jame pour arbitre.

En cela le provincial n'a pas fait preuve d'esprit; mais aussi quels sont les gens assez niais pour confier un procès à cet homme-là? Il est doux comme un mouton et timide comme une fille. Son Éminence l'amadoue, car il s'agit, je crois, de 300,000 livres.

— Mais c'est donc un avocat?... dis-je en faisant un léger haut-le-corps.

— Oui, dit-elle. Puis, confuse de cet humiliant aveu, elle alla reprendre sa place au pharaon.

Toutes les parties étaient complètes. Or je n'avais rien à faire ni à dire, car je venais de perdre deux mille écus contre M. de Laval, avec lequel je m'étais rencontré chez une *impure*. J'allai me jeter dans une duchesse placée auprès de la cheminée. S'il y eut jamais sur cette terre un homme bien étonné, ce fut certes moi, en apercevant que, de l'autre côté du chambranle, j'avais pour vis-à-vis le contrôleur-général. M. de Calonne paraissait assoupi et livré à toutes les jouissances négatives de la digestion. Quand je le montrai par un geste à Beaumarchais qui venait à moi, le père de *Figaro*, ou *Figaro* lui-même, m'expliqua ce mystère sans mot dire.

Il m'indiqua tour à tour ma propre tête et celle de Bodard par un geste assez malicieux qui consistait à écarter vers nous deux doigts de la main en tenant les autres fermés. Mon premier mouvement fut de me lever pour aller dire quelque chose de piquant à Colonne, je restai : d'abord, parce que je songeai à jouer un tour à ce favori, et ensuite, Beaumarchais m'avait un peu trop familièrement arrêté de la main ; puis, clignant des yeux pour m'indiquer le contrôleur, il m'avait dit en murmurant :

— Ne le réveillez pas... l'on est trop heureux quand il dort.

— Mais c'est aussi un plan de finances que le sommeil !... repris-je.

— Certainement ! nous répondit l'homme d'état qui avait deviné nos paroles au seul mouvement des lèvres.

— Monseigneur, dit le dramaturge, j'ai un remerciement à vous faire...

— Et pourquoi ?...

— M. de Mirabeau est parti pour Berlin. Je ne sais pas si dans cette affaire des eaux, nous ne nous serions pas noyés tous deux.

— Vous avez trop de *mémoire* et pas assez

de reconnaissance.... répliqua sèchement le ministre, fâché de voir divulguer un de ses secrets devant moi.

— Cela est possible, dit Beaumarchais piqué au vif, mais j'ai des millions...

M. de Calonne feignit de ne pas entendre...

Il était minuit et demi quand les parties cessèrent. L'on se mit à table. Nous étions dix personnes, Bodard et sa femme, le contrôleur-général, Beaumarchais, les deux inconnus, deux jolies dames dont je tairai les noms, et un fermier-général, appelé, je crois, Lavoisier. De trente personnes que je trouvai dans le salon en y entrant, il n'était resté que ces dix convives, et encore les deux *espèces* ne soupèrent-elles que d'après les instances de madame de Saint-Jame, qui crut s'acquitter avec l'un en lui donnant à manger, et qui peut-être invita l'autre pour plaire à son mari, auquel elle faisait des coquetteries, je ne sais trop pourquoi; car, après tout, M. de Calonne était une puissance, et si quelqu'un avait eu à se fâcher, c'eût été moi.

Le souper commençait à être ennuyeux à la mort. Ces deux gens et le fermier-général nous gênaient. Alors je fis un signe à Beaumarchais pour lui dire de griser le fils d'Esculape qu'il avait à sa droite, et je lui donnai à entendre que je me chargeais de l'avocat. Comme il ne nous restait plus que ce moyen-là de nous amuser, et qu'il nous promettait de la part de ces deux hommes une ample moisson d'impertinences dont nous nous amusions déjà, M. de Calonne sourit à mon projet. En deux secondes, les trois dames trempèrent dans notre conspiration bachique. Elles s'engagèrent par des œillades très-significatives à y jouer leur rôle, et le vin de Sillery couronna plus d'une fois les verres de sa mousse argentée. Le chirurgien fut assez facile; mais au troisième verre que je lui versai, mon voisin me dit avec la froide politesse d'un usurier, qu'il ne boirait pas davantage.

En ce moment, madame de Saint-Jame nous avait mis, je ne sais par quel hasard de la conversation, sur le chapitre des merveilleux soupers du comte de Cagliostro. Je n'avais pas l'esprit trop présent à ce que disait la maîtresse du logis, car depuis la réponse qu'il m'avait faite, j'observais avec une invincible curiosité la figure mignarde et blême de mon voisin. Son nez était à la fois camard et pointu, ce qui, par momens, le faisait ressembler à une fouine. Tout à coup ses joues se colorèrent en entendant madame de Saint-Jame dire à M. de Calonne d'un ton impérieux :

— Mais je vous assure, Monsieur, que j'ai vu la reine Cléopâtre...

— Je le crois, Madame !... répondit mon voisin ; car moi, j'ai parlé à Catherine de Médicis...

— Oh ! oh !... s'écria M. de Calonne.

Les paroles prononcées par le petit provincial le furent d'une voix qui avait une indéfinissable *sonorité*, s'il est permis d'emprunter ce terme à la physique. Cette soudaine clarté d'intonation chez un homme qui avait jusque là très-peu parlé, toujours très-bas et avec le meilleur ton possible, nous surprit au dernier point.

— Mais il parle... s'écria le chirurgien, que Beaumarchais avait mis dans un état satisfaisant.

— Son voisin aura poussé quelque ressort, répondit le satirique.

Mon homme rougit légèrement en entendant ces paroles, quoiqu'elles n'eussent été que murmurées.

— Et comment était la feue reine? demanda Calonne.

— Je n'affirmerais pas que la personne avec laquelle j'ai soupé hier fût Catherine de Médicis elle-même, car ce prodige doit paraître justement impossible à un chrétien aussi bien qu'à un philosophe, répliqua l'avocat en appuyant légèrement l'extrémité de ses doigts sur la table et en se renversant sur sa chaise, comme s'il devait parler long-temps; mais je puis jurer que cette femme ressemblait autant à Catherine de Médicis que si elles eussent été sœurs. Elle portait une robe de velours noir absolument pareille à celle dont cette reine est vêtue dans le portrait qu'en possède le roi, et la rapidité de l'évocation m'a semblé d'autant plus merveilleuse que M. le comte de Cagliostro ne pouvait pas deviner le nom du personnage avec lequel j'allais désirer de me trouver. J'ai été confondu. La magie du spectacle que présentait un souper où apparaissaient d'illustres femmes des temps passés m'ôta toute présence d'esprit. J'écoutai sans oser questionner. En échappant vers minuit aux piéges de cette sorcellerie, je doutais presque de moi-même. Mais ce qui va vous paraître extraordinaire, c'est que, pour moi, tout ce merveilleux me semble naturel en comparaison de la puissante *hallucination* que je devais subir encore. Je ne sais par quelles paroles je pourrais vous peindre l'état de mes sens. Seulement je déclare, dans la sincérité de mon cœur, que je ne m'étonne plus qu'il se soit rencontré jadis des âmes assez faibles ou assez fortes pour croire aux mystères de la magie et au pouvoir du démon...

Ces paroles furent prononcées avec une incroyable éloquence de ton. Elles étaient de nature à éveiller une excessive curiosité chez tous les convives : aussi nos regards se tournèrent-ils sur l'orateur, et nous restâmes immobiles. Nos yeux seuls trahissaient la vie en réfléchissant les bougies scintillantes des flambeaux. A force de contempler l'inconnu, il nous sembla voir les pores de son visage, et surtout ceux de son front, livrer passage au sentiment intérieur dont il était pénétré. Il y avait dans cet homme, en apparence froid et compassé, un foyer secret dont la flamme vint agir sur nous.

— Je ne sais pas, reprit-il, si la figure évoquée me suivit en se rendant invisible; mais aussitôt que ma tête reposa sur mon lit, je vis la grande ombre de Catherine se lever devant moi. C'est instinctivement que je me sentais dans une sphère lumineuse, car mes yeux, attachés sur la reine par une insupportable fixité, ne virent qu'elle... Tout à coup elle se pencha vers moi...

(A ces mots, les dames laissèrent échapper un mouvement unanime de curiosité.)

— Mais, reprit l'avocat, j'ignore si je dois continuer; bien que je sois porté à croire que ce ne soit qu'un rêve, ce qu'il me reste à dire est grave...

— S'agit-il de religion? dit Beaumarchais.

— Ou y aurait-il de l'indécence à continuer? demanda Calonne.

— Il s'agit de gouvernement... répondit l'avocat.

— Allez, reprit le ministre. Voltaire, Diderot et consorts ont assez bien commencé l'éducation de nos oreilles.

Le contrôleur devint fort attentif, et sa voisine, madame de G...., fort occupée.

Le provincial hésitait encore; mais Beaumarchais lui dit avec vivacité :

— Mais allez donc, maître; ne savez-vous pas

que les lois nous laissent si peu de liberté, que nous prenons notre revanche dans les mœurs...

Alors le convive commença ainsi :

— Soit que certaines idées fermentassent à mon insu dans mon âme, soit que je fusse poussé par une puissance étrangère, je lui dis : — Ah! madame, vous avez commis un bien grand crime!...

—Lequel?... demanda-t-elle d'une voix grave.

— Celui dont la cloche du palais donna le signal au 24 août...

Elle sourit dédaigneusement, et quelques rides profondes se dessinèrent sur ses joues blafardes.

—Vous nommez cela un crime?... répondit-elle. Ce ne fut qu'un grand malheur. L'entreprise, mal conduite, ayant échoué, il n'en est pas résulté pour la France, pour l'Europe, pour le Christianisme, tout le bien que nous en attendions; les ordres ont été mal exécutés; nous n'avons pas rencontré autant de Montluc qu'il en fallait; la postérité ne nous tiendra pas compte du défaut de communications qui nous empêcha d'imprimer à notre œuvre cette unité de mouvement nécessaire aux grands coups d'état; voilà le malheur. Si, le 25 août, il n'était pas resté l'ombre d'un huguenot en France, je serais demeurée jusque dans la postérité la plus reculée comme une belle image de la Providence. Que de fois les âmes clairvoyantes de Sixte-Quint, de Richelieu, de Bossuet, m'ont secrètement accusée d'avoir échoué dans mon entreprise après avoir osé la concevoir!... Aussi, de combien de regrets ma mort ne fut-elle pas accompagnée!...... Trente ans après la Saint-Barthélemi, la maladie durait encore ; elle coûtait déjà dix fois plus de sang noble à la France qu'il n'en restait à verser le 26 août 1572. La révocation de l'édit de Nantes, en l'honneur de laquelle vous avez frappé des médailles, a coûté plus de larmes, de sang et d'argent, a tué plus de prospérité en France que trois Saint-Barthélemi. Letellier a su accomplir avec une plumée d'encre le décret que le trône avait secrètement promulgué depuis moi; mais si le 25 août 1572, cette immense exécution était nécessaire, le 25 août 1685 elle était inutile. Sous le second fils de Henri de Valois, l'hérésie était à peine enceinte ; sous le second fils de Henri de Bourbon, elle avait, mère féconde, jeté son frai sur l'univers entier.

Vous m'accusez d'un crime, et vous dressez des statues au fils d'Anne d'Autriche!...

A ces paroles lentement prononcées, je sentis en moi comme un tressaillement intérieur. Je croyais respirer la fumée du sang de je ne sais quelles victimes. Catherine avait grandi. Elle était là comme un mauvais génie, et il me sembla qu'elle voulait pénétrer dans ma conscience pour s'y reposer.

— Il a rêvé cela, dit Beaumarchais à voix basse, car il ne l'a certes pas inventé!...

— Ma raison est confondue!... dis-je à la reine. Vous vous applaudissez d'un acte que trois générations condamnent, flétrissent et...

— Ajoutez, reprit-elle, que toutes les plumes ont été plus injustes envers moi que ne l'ont été mes contemporains. Nul n'a pris ma défense. Je suis accusée d'ambition — moi riche et souveraine!... Je suis taxée de cruauté, et pour les esprits les plus impartiaux je suis peut-être un grand problème.... Croyez-vous donc que j'aie été dominée par des sentimens de haine? que je n'aie respiré que vengeance et fureur?...

Elle sourit de pitié.

— J'étais calme et froide comme la raison

même. J'ai condamné les huguenots sans pitié, mais sans emportement. Ils étaient l'orange pourie de ma corbeille. Reine d'Angleterre, j'eusse jugé de même les catholiques, s'ils y eussent été séditieux. Pour que notre pouvoir eût quelque vie à cette époque, il fallait dans l'état un seul Dieu, une seule foi, un seul maître. Heureusement pour moi que j'ai gravé ma justification dans un mot. Quand Birague m'annonça faussement la perte de la bataille de Dreux : — Eh bien ! nous irons au prêche !... m'écriai-je. De la haine contre ceux de la religion !... Je les estimais beaucoup et je ne les connaissais pas. Si je me suis senti de l'aversion pour des hommes en politique, ce fut pour le lâche cardinal de Lorraine, pour son frère, soldat brutal. Voilà quels étaient les ennemis de mes enfans !... Je les voyais tous les jours, ils m'excédaient. Si nous n'avions pas fait la Saint-Barthélemi, ces misérables l'eussent accomplie à l'aide de Rome et de ses moines ; et la Ligue, qui n'a été forte que de ma vieillesse, eût commencé en 1573.

— Mais, Madame, au lieu d'ordonner cet horrible assassinat (excusez ma franchise), pourquoi n'avoir pas employé les vastes ressources de votre politique à donner aux calvinistes les sages institutions qui rendirent le règne de Henri IV si glorieux et si paisible?

Elle sourit encore, haussa les épaules, et ses rides creuses donnèrent à son pâle visage une expression d'ironie pleine d'amertume.

— Les peuples, dit-elle, ont besoin de repos après les luttes les plus acharnées : voilà le secret de ce règne. Mais Henri IV a commis deux fautes irréparables : il ne devait ni abjurer ni laisser la France catholique après l'être devenu lui-même. Lui seul s'est trouvé en position de changer sans secousse la face de la France. Ou pas une étole, ou pas un prêche. Telle aurait dû être sa pensée. Laisser dans un gouvernement deux principes ennemis sans que rien les balance... voilà un crime de roi! Il sème ainsi des révolutions. A Dieu seul il appartient de mettre dans son œuvre le bien et le mal sans cesse en présence. Mais peut-être cette sentence était-elle inscrite au fond de la politique de Henri IV, et peut-être causa-t-elle sa mort!... Il est impossible que Sully n'ait pas jeté un regard de convoitise sur ces immenses biens du clergé, dont le clergé ne possédait pas alors le tiers...

Elle s'arrêta et parut réfléchir.

— Mais, reprit-elle, songez-vous que c'est à la nièce d'un pape que vous demandez raison de son catholicisme?...

Elle s'arrêta encore.

— Après tout, j'eusse été calviniste de bon cœur... ajouta-t-elle en laissant échapper un geste d'insouciance. Est-ce que les hommes supérieurs de ce siècle penseraient encore que la religion était pour quelque chose dans ce procès, le plus immense de ceux que l'Europe ait jugés, vaste révolution, retardée par de petites causes qui ne l'empêcheront pas de rouler sur le monde, puisque je ne l'ai pas étouffée?.... Révolution, dit-elle en me jetant un regard profond, qui marche toujours et que tu pourras achever. — Oui, *toi*, *toi*, qui m'écoutes!...

Je frissonnai.

— Quoi! personne encore n'a compris que les intérêts nouveaux et les intérêts anciens avaient saisi Rome et Luther comme des drapeaux! Quoi! pour éviter une lutte à peu près semblable, Louis IX, en entraînant une population centuple à celle que j'ai condamnée, et la laissant aux sables de l'Égypte, a mérité le nom de saint : et moi !...

— Mais moi, dit-elle, j'ai échoué.

Elle pencha la tête et resta silencieuse un moment. Ce n'était plus une reine que je voyais, mais bien plutôt une de ces antiques druidesses qui sacrifiaient des hommes, et savaient dérouler les pages de l'avenir en exhumant les enseignemens du passé.

Mais bientôt elle releva sa royale et majestueuse figure, et dit :

— En appelant l'attention de tous les bourgeois sur les abus de l'Église romaine, Luther et Calvin faisaient naître en Europe un esprit d'investigation qui devait amener les peuples à vouloir tout examiner. Or l'examen conduit au doute. Au lieu d'une foi nécessaire aux sociétés, ils traînaient après eux et dans le lointain une curiosité philosophique. La science s'élançait toute brillante de clartés du sein de l'hérésie. Il s'agissait bien moins d'une réforme dans l'Église que de la liberté. J'ai vu cela !...

La conséquence des succès obtenus par les religionnaires dans leur lutte contre le sacerdoce, déjà plus armé et plus redoutable que la royauté, était la ruine du pouvoir monarchique et féodal. Il ne s'agissait de rien moins que de l'anéantissement de ces trois grandes institutions, sur les débris desquelles toutes les bourgeoisies du monde auraient pactisé. Cette lutte était donc une guerre à mort entre de nouvelles combinaisons et les lois, et les croyances anciennes. Les catholiques étaient l'expression des intérêts matériels de la royauté, des seigneurs et du clergé. Ce fut un duel à outrance entre deux géans, et la Saint-Barthélemi n'en fut malheureusement qu'une blessure. Souvenez vous que, pour épargner quelques gouttes de sang dans un moment opportun, on en laisse verser plus tard par torrens. L'intelligence qui plane sur une nation ne peut éviter un malheur : celui de n'être plus jugée que par ses pairs quand elle a succombé sous le poids d'un événement. Si mon nom est en exécration à la France, il faut s'en prendre aux esprits médiocres qui y forment la majorité de toutes les générations. Dans les grandes crises que j'ai eu à subir, régner..... ce n'était pas donner des audiences, passer des revues et signer des ordonnances..... J'ai pu commettre des fautes, je n'étais qu'une femme. Mais pourquoi ne s'est-il pas alors rencontré un homme qui fût au dessus de son siècle? Le duc d'Albe était une âme de bronze ; Henri IV, un soldat joueur et libertin, mais qui avait un cœur excellent ; l'Amiral, un entêté systématique. Louis XI était venu trop tôt, Richelieu trop tard. Vertueuse ou criminelle, que l'on m'attribue ou non la Saint-Barthélemi, j'en accepte le fardeau ; car alors je resterai entre ces deux grands rois comme l'anneau visible d'une chaîne inconnue. Quelque jour des écrivains à paradoxes se demanderont si les peuples n'ont pas quelquefois prodigué le nom de bourreaux à des victimes. Ce ne sera pas une fois seulement que l'humanité préférera d'immoler un dieu plutôt que de s'accuser elle-même. Vous êtes portés, tous, à verser sur deux cents manans les larmes que vous refusez aux malheurs d'une génération, d'un siècle ou d'un monde ; et vous oubliez que la liberté religieuse, la liberté politique, la tranquillité d'une nation, la science même, sont des présens pour lesquels le destin prélève des impôts de sang !

— Les nations ne pourraient-elles pas être un jour heureuses à meilleur marché ?..... m'écriai-je les larmes aux yeux.

— Les vérités ne sortent de leurs puits que pour prendre des bains de sang.... Le christianisme lui-même, essence de toute vérité, puisqu'il vient de Dieu, s'est-il établi sans martyrs ? le sang n'a-t-il pas coulé à flots ?...

Sang! sang! ce mot retentissait à mes oreilles comme un tintement.

— Selon vous, dis-je, le protestantisme aurait donc eu le droit de raisonner comme vous ?...

Catherine avait disparu, comme si un souffle eût éteint la lumière surnaturelle qui permettait à mon esprit de voir cette figure dont les proportions étaient devenues gigantesques. Alors je trouvai en moi une partie de moi-même qui adoptait les doctrines atroces déduites par cette Italienne. Je me réveillai en sueur, pleurant, et au moment où ma raison victorieuse me disait, d'une voix douce, qu'il n'appartenait ni à un roi ni même à une nation d'appliquer ces principes dignes d'un peuple d'athées.

— Et comment sauvera-t-on les monarchies qui croulent? demanda Beaumarchais.

— Dieu est là!... Monsieur, répliqua mon voisin.

— Alors, reprit M. de Calonne avec cette incroyable légèreté qui le caractérisait, nous avons la ressource de nous croire, selon l'évangile de Bossuet, les instrumens de Dieu!...

Du moment où les dames s'étaient aperçues que l'affaire se passait en conversation entre la reine et l'avocat, elles avaient chuchoté. J'ai même fait grâce des phrases à points d'interjection qu'elles lancèrent à travers le discours de l'avocat. Cependant ces mots :

— Il est ennuyeux à la mort !

— Mais, ma chère, quand finira-t-il?

parvinrent plus d'une fois à mon oreille.

Quand l'inconnu cessa de parler, les dames se turent. M. Bodard dormait.

Le chirurgien à moitié gris, Lavoisier, Beaumarchais et moi nous avions été seuls attentifs, car M. de Calonne jouait avec sa voisine. En ce moment le silence eut quelque chose de solennel. La lueur des bougies me paraissait avoir une couleur magique. Un même sentiment nous avait attachés par des liens mystérieux à cet homme, qui, pour ma part, me fit concevoir les inexplicables effets du fanatisme. Il ne fallut rien moins que la voix sourde et caverneuse du compagnon de Beaumarchais pour nous réveiller.

— Et moi aussi, j'ai rêvé!... s'écria-t-il.

Je regardai plus particulièrement alors le chirurgien, et j'éprouvai un sentiment instinctif d'horreur. Son teint terreux, ses traits à la fois ignobles et grands, offraient une expression exacte de ce que l'on me permettra de nommer ici *la canaille*. Quelques grains bleuâtres et noirs étaient semés sur son visage comme des traces de boue, et ses yeux lançaient une flamme sinistre. Cette figure paraissait plus sombre qu'elle ne l'était peut-être, à cause de la neige amassée sur sa tête par une coiffure à frimas.

— Cet homme-là doit enterrer plus d'un malade!... dis-je à mon voisin.

— Je ne lui confierais pas mon chien, me répondit-il.

— Je le hais involontairement.

— Et moi je le méprise...

— Quelle injustice cependant!... repris-je.

— Oh! mon Dieu, après-demain il peut devenir aussi célèbre que Volange, répliqua l'inconnu.

M. de Calonne montra le chirurgien par un

geste qui semblait nous dire : — Celui-là me paraît devoir être plus amusant.

— Et auriez-vous rêvé d'une reine?... lui demanda Beaumarchais.

— Non, j'ai rêvé d'un peuple!... répondit-il avec une emphase qui nous fit rire... J'avais entre les mains un malade auquel je devais couper la cuisse le lendemain de mon rêve...

— Et vous avez trouvé le peuple dans la cuisse de votre malade?... demanda M. de Calonne.

— Précisément, répondit le chirurgien.

— Est-il amusant!... s'écria la comtesse de G....

— Je fus assez surpris, dit l'orateur sans s'embarrasser des interruptions et en mettant chacune de ses mains dans les goussets de son vêtement nécessaire, de trouver à qui parler dans cette cuisse. J'avais la singulière faculté d'entrer chez mon malade. Quand, pour la première fois, je me trouvai sous sa peau, je contemplai une merveilleuse quantité de petits êtres qui s'agitaient, pensaient et raisonnaient. Les uns vivaient dans le corps de cet homme, et les autres dans sa pensée. Ses idées étaient des êtres qui naissaient, grandissaient, mouraient. Ils étaient malades, gais, bien portans, tristes, et avaient tous enfin des physionomies particulières. Ils se combattaient ou se caressaient. Quelques idées s'élançaient au dehors et allaient vivre dans le monde intellectuel : car je compris tout à coup qu'il y avait deux univers, l'univers visible et l'univers invisible ; que la terre avait, comme l'homme, un corps et une âme. Alors la nature s'illumina pour moi, et j'en appréciai l'immensité en apercevant l'océan des êtres qui, par masses et par espèces, étaient répandus partout, faisant une seule et même matière animée, depuis les marbres jusqu'à Dieu !... Magnifique spectacle ! Bref, il y avait un univers dans mon malade. Quand je plantai le bistouri au sein de sa cuisse gangrénée, j'abattis un millier de ces bêtes-là... Vous riez, Mesdames, d'apprendre que vous êtes livrées aux bêtes...

— Pas de personnalités, dit M. de Calonne. Parlez pour vous et pour votre malade.

— Mon homme, épouvanté des cris de ses animalcules, et souffrant comme un damné, voulait interrompre mon opération ; mais j'allais toujours, et je lui disais que des animaux malfaisans lui rongeaient déjà les os. Il fit un mouvement, et mon bistouri m'entra dans le côté...

— Il est stupide! dit Lavoisier.

— Non, il est gris, répondit Beaumarchais.

— Mais, Messieurs, mon rêve a un sens... s'écria le chirurgien.

— Oh! oh! cria Bodard qui se réveillait, j'ai une jambe engourdie.

— Monsieur, lui dit sa femme, vos animaux sont morts.

— Cet homme a une vocation!... s'écria mon voisin qui avait fixé imperturbablement le chirurgien pendant qu'il parlait.

— Il est à celui de monsieur, disait toujours le laid convive en continuant, ce qu'est l'action à la parole, le corps à l'âme...

Mais sa langue épaissie s'embrouilla, et il ne prononça plus que d'indistinctes paroles.

Heureusement pour nous la conversation reprit un autre cours, et au bout d'une demi-heure nous avions oublié le chirurgien des pages, qui dormait. La pluie se déchaînait par torrens quand nous nous levâmes de table.

— L'avocat n'est pas si bête, dis-je à Beaumarchais.

— Ho! il est lourd et froid; mais vous voyez

qu'il y a encore en province de bonnes gens qui prennent au sérieux les théories politiques et notre histoire de France. C'est un levain qui fermentera.

— Avez-vous votre voiture? me demanda madame de Saint-Jame.

— Non, lui répondis-je sèchement; je ne savais pas que je dusse la demander ce soir... Vous voulez peut-être que je reconduise le contrôleur?... Est ce qu'il serait venu chez vous *en polisson* *?

Elle s'éloigna vivement, sonna, demanda la voiture de Saint-Jame; puis, prenant à part l'avocat, elle lui dit :

— M. de Robespierre, voulez-vous me faire le plaisir de mettre M. Marat chez lui? Il est hors d'état de se soutenir...

* *Aller en polisson* à Marly, c'était s'y rendre sans sa voiture et sans ses gens, déguisé en bourgeois.

Jésus-Christ en Flandre.

A une époque assez indéterminée de l'histoire brabançonne, les relations sociales qui pouvaient exister entre l'île de Cadzant et les côtes de la Flandre, n'étaient entretenues que par une seule barque destinée au passage des voyageurs. Capitale de l'île, Midelbourg, plus tard si célèbre dans les annales du protestantisme, comptait à peine deux ou trois cents feux; et la riche Ostende n'était encore qu'un havre inconnu, flanqué d'une bourgade chétivement peuplée par quelques pêcheurs, par de pauvres négocians et des corsaires impunis.

Cependant, le bourg d'Ostende, composé d'une vingtaine de maisons et de trois cents cabanes, chaumines ou taudis construits avec des débris de navires naufragés, avait un gouverneur, une milice, des fourches patibulaires, un couvent, un bourgmestre, enfin tous les symptômes d'une civilisation très-avancée.

Qui régnait alors en Brabant, en Flandre ou en Belgique? Sur ce point, la tradition est muette.

Avouons-le! notre récit se ressent étrangement du vague, de l'incertitude, du merveilleux que les orateurs favoris des veillées flamandes se sont amusés maintes fois à répandre dans leurs gloses aussi diverses de poésie, que contradictoires par les détails. Cette chronique, dite d'âge en âge, répétée de foyer en foyer, par les aïeules, par les conteurs de jour et de nuit, a reçu de chaque siècle une teinte différente. Semblable à ces monumens arrangés suivant le caprice des architectures de chaque époque, mais dont les masses noires et frustes plaisent aux poëtes, elle ferait le désespoir des commentateurs, des éplucheurs de mots, de faits et de dates. Le narrateur y croit, comme tous les esprits superstitieux de la Flandre y ont cru, sans en être plus doctes ou plus infirmes. Seulement, dans l'impossibilité de mettre en harmonie toutes les versions, nous racontons le fait à notre guise, très-adultéré, sans sa naïveté romanesque impossible à reproduire, mais avec ses hardiesses que l'histoire désavoue, avec sa moralité que la religion approuve, son fantastique, fleur d'imagination, son sens caché, dont le sage peut s'accommoder, laissant à chacun sa pâture, et le soin de trier le bon grain dans l'ivraie.

Donc, la barque qui servait à passer les voyageurs de l'île de Cadzant à Ostende, allait quitter le rivage. Avant de détacher la chaîne de fer qui retenait sa chaloupe à une pierre de la petite jetée où l'on s'embarquait, le patron, donna du cor à plusieurs reprises, afin d'appeler les personnes en retard. Ce voyage était le dernier qu'il dût faire; la nuit approchait; les derniers feux du soleil couchant permettaient à peine d'apercevoir les côtes de Flandre, et de distinguer, dans l'île, les passagers attardés, errant soit le long des murs en terre dont les champs sont environnés, soit parmi les hauts joncs des marais.

Comme la barque était presque pleine, un cri s'éleva :

— Qu'attendez-vous? Partons!...

En ce moment, un homme apparut à dix pas de la jetée, et le pilote fut assez surpris de le voir. Il ne l'avait entendu ni venir ni marcher. Ce voyageur semblait s'être levé de terre tout à coup, comme un paysan qui se serait couché dans un champ en attendant l'heure du départ et que la trompette aurait réveillé. C'était ou un voleur ou quelque homme de douane et de police?...

Quand il arriva sur l'espèce de jetée où la barque était amarrée, sept personnes qui se tenaient debout à l'arrière de la chaloupe s'empressèrent de s'y asseoir sur les bancs, afin de s'y trouver seules et de ne pas laisser l'étranger se mettre parmi elles. Ce fut une pensée d'égoïsme, instinctive et rapide, une de ces pensées d'aristocratie qui viennent au cœur de tous les gens riches.

Aussi, quatre de ces personnages appartenaient-ils à la plus haute noblesse de Flandre. C'étaient un jeune cavalier, ayant deux beaux levriers à ses côtés; portant, sur ses cheveux longs, une toque ornée de pierreries, il faisait retentir ses éperons dorés, et frisait de temps en temps sa moustache avec impertinence, en jetant des regards dédaigneux au reste de l'équipage; puis, une noble demoiselle, tenant un faucon sur son poing, altière, ne parlait qu'à sa mère ou à un ecclésiastique de haut rang, abbé commendataire ou évêque.

Ces quatre personnes faisaient grand bruit, conversaient ensemble, comme si elles eussent été seules dans la barque; et, cependant, près d'elles, se trouvait un gros bourgeois de Bruges, homme très-important en son pays. Il était enveloppé dans un grand manteau; et son domestique, armé jusqu'aux dents, avait mis près de lui, dans le bateau, deux sacs pleins d'argent.

Puis, à côté d'eux, il y avait un homme de science, docteur à l'université de Louvain, accompagné de son clerc, portant force livres.

Tous ces gens riches, et qui se méprisaient peut-être les uns les autres, étaient séparés de l'avant par le banc des rameurs.

Lorsque le passager en retard mit le pied dans la barque, il jeta un regard rapide sur l'arrière; et, n'y voyant pas de place, il alla en demander une à ceux qui se trouvaient sur l'avant du bateau.

Ceux-là étaient de pauvres gens!... A l'aspect d'un homme vêtu de camelot brun, dont l'habit et le haut-de-chausses étaient très-simples; dont le rabat en toile de lin empesé n'avait ni ornement ni dentelles, dont la tête restait nue; et qui ne tenait à la main ni toque ni chapeau; à la ceinture, ni bourse, ni épée, ils le prirent pour un bourgmestre sûr de son autorité, bourgmestre bonhomme et doux comme quelques-uns de ces vieux Flamands, dont la nature et le caractère ingénus nous ont été si bien conservés par les peintres du pays. Alors les pauvres passagers l'accueillirent par des démonstrations respectueuses; tous les gens de l'arrière se mirent à plaisanter en chuchotant.

Un vieux soldat, homme de peine et de fatigue, donnant à l'étranger sa place sur le banc, s'assit au bord de la barque, et s'y maintint en équilibre par la manière dont il appuya ses pieds contre une de ces traverses de bois qui ressemblent aux arêtes d'un poisson, et servait à lier les planches des bateaux.

Une jeune femme, mère d'un petit enfant, et qui paraissait appartenir à la classe ouvrière d'Ostende, se recula pour faire plus de place au nouveau venu; mais il n'y avait ni servilité ni dédain dans ce mouvement; c'était un de ces témoignages d'obligeance par lesquels les pauvres gens, habitués à connaître le prix d'un service et les délices de la fraternité, révèlent la franchise et le naturel de leurs âmes, si naïves dans l'expression de leurs qualités et de leurs défauts.

L'étranger, les remerciant tous deux par un geste plein de noblesse, s'assit entre cette jeune mère et le vieux soldat.

Derrière lui, se trouvaient un paysan et son fils âgé de dix ans.

Puis, une pauvresse, ayant un bissac presque vide, vieille et ridée, en haillons, type de malheur et d'insouciance, gisait sur le bec de la barque, accroupie dans un gros paquet de cordages. Un des rameurs, vieux marinier, qui l'avait connue belle et riche, l'avait fait entrer dans la barque par charité, et, suivant l'admirable dicton du peuple, *pour l'amour de Dieu.*

— Grand merci, Thomas!... avait dit la vieille; j'ajouterai de plus pour toi ce soir deux *pater* et deux *ave* à ma prière...

Le patron ayant encore une fois donné du cor et regardé la campagne muette, jeta la chaîne dans le bateau, courut le long du bord, jusqu'au gouvernail, en prit la barre, resta debout; puis, d'une voix forte, après avoir contemplé le ciel, il dit à ses rameurs, quand ils furent en pleine mer :

— Ramez, ramez fort, et dépêchons !... La mer est grosse d'un mauvais grain, la sorcière!... Je sens la houle au mouvement du gouvernail, et l'orage à mes blessures...

Ces paroles dites en termes de marine, espèce de langue intelligible seulement pour des oreilles accoutumées au bruit des flots, imprimèrent aux rames un mouvement précipité, mais toujours cadencé; mouvement unanime, et différent de la manière de ramer précédente, comme le trot d'un cheval l'est de son galop.

Le beau monde assis à l'arrière prit plaisir à voir tous ces bras nerveux, ces visages bruns aux yeux de feu, ces muscles tendus, et ces différentes forces humaines agissant de concert, pour leur faire traverser le détroit, moyennant un faible péage. Loin de déplorer cette misère, ils se montrèrent les quatre rameurs en riant des expressions grotesques que le travail imprimait à leurs physionomies tourmentées.

Mais à l'avant, le soldat, le paysan et la vieille contemplaient les mariniers avec cette espèce de compassion naturelle aux gens qui, du travail, connaissent les rudes angoisses et les fiévreuses fatigues; puis, habitués à la vie en plein air, ils avaient compris à l'aspect du ciel, le danger dont ils devaient être menacés. Ils étaient sérieux. Quant à la jeune mère, elle endormait son enfant, le berçait sur son sein en lui chantant une vieille hymne d'église.

— Si nous arrivons, dit le soldat au paysan, c'est que le bon dieu mettra de l'entêtement à nous laisser en vie!...

— Ah! il est le maître, répondit la vieille; mais je crois que son bon plaisir est de nous appeler à lui... Voyez là bas, cette lumière...

Et, par un geste de tête, elle montrait le couchant où des bandes de feu tranchaient vivement sur des nuages bruns nuancés de rouge, et qui semblaient prêts à déchaîner quelque vent furieux. La mer faisait entendre un murmure sourd, une espèce de mugissement intérieur, assez semblable à la voix d'un chien quand il ne fait que gronder; mais, après tout, Ostende n'était pas loin.

En ce moment, le ciel et la mer offraient un de ces spectacles dont la peinture et le langage osent rarement rendre les effets, auxquels il est peut-être impossible de donner un peu plus de durée qu'ils n'en ont réellement, en les imprimant dans notre mémoire par un tableau. Il faut des contrastes puissans aux créations humaines. Aussi, les artistes demandent ordinairement à la nature ses phénomènes les plus brillans, désespérant sans doute d'intéresser par la grande et belle poésie au sein de laquelle elle se meut tous les jours; et, cependant, parfois, l'âme humaine est plus fortement remuée dans le calme que dans le mouvement, et par le silence que par la tempête.

Il y eut un moment où, sur la barque, chacun se tut, et contempla la mer et le ciel, soit par pressentiment, soit pour obéir à cette mélancolie religieuse dont nous sommes presque tous saisis, à l'heure de la prière, à la chute du jour, à l'instant où la nature se tait, où les cloches parlent.

La mer jetait une lueur blanche et blafarde, mais changeante et semblable aux couleurs de l'acier; le ciel était constamment grisâtre, quoique nuancé de noir et de rouge; puis, à l'horizon, au couchant, de longs espaces étroits simulaient des flots de sang; tandis qu'à l'orient, des lignes étincelantes comme la lumière de la lune quand elle est pure, étaient séparées, çà et là, par quelques nuages plissés comme des rides sur le front d'un vieillard.

Ainsi, la mer et le ciel n'offraient que des demi-teintes sur le fond terne et sombre qui faisait ressortir les feux sinistres de l'occident. Il y avait dans cette physionomie de la nature, une espèce de sentiment terrible; et, s'il était permis de faire passer les audacieuses tropes du peuple dans la langue écrite, on dirait comme disait le soldat : que le temps montrait le visage irrité d'un capitaine mécontent; ou, comme le paysan, qu'il avait la mine froidement féroce d'un bourreau.

Le vent s'éleva tout à coup vers le couchant. Alors, le patron qui ne cessait de consulter la mer, la voyant s'enfler à l'horizon, s'écria:

— Hau! hau!...

A ce cri, les matelots s'arrêtèrent aussitôt que la voix frappa leurs oreilles, et laissèrent nager leurs rames.

— Le patron a raison!... dit froidement Thomas, quand la barque portée en haut d'une énorme vague, redescendit comme au fond de la mer...

A ce mouvement extraordinaire, à cette colère soudaine de l'océan, les gens de l'arrière devinrent blêmes, et jetèrent un cri terrible...

— Nous périssons!...

— Oh! pas encore!... leur répondit tranquillement le patron.

En ce moment, les nuées se déchirèrent sous l'effort du vent, précisément au milieu du ciel, et au dessus de la barque.

Alors la douce lumière du crépuscule éclaira cette scène comme si quelque rayon de la lune eût jailli au bord d'une nuée; et, les masses grises s'étant étalées avec une sinistre promptitude à l'orient et au couchant, cette lueur blanche tombant d'aplomb sur la barque par la crevasse si capricieusement faite par le vent d'orage, permit d'y voir tous les visages.

Tous les passagers, nobles, riches, mariniers et pauvres, restèrent un moment surpris à l'aspect de l'homme arrivé le dernier au milieu d'eux.

Sa figure était pleine de calme et de douceur. Ses cheveux d'or, partagés en deux bandeaux sur son front tranquille et serein, retombaient en boucles nombreuses sur ses épaules. Les passagers furent frappés du sentiment particulier qu'exprimait cette belle physionomie : l'étranger ne méprisait pas la mort, il paraissait être certain de ne pas périr...

Mais, si d'abord, les gens de l'arrière, lâches et tremblans qu'ils étaient, oublièrent un instant la tempête implacable dont la fureur les menaçait, ils revinrent bientôt à leurs sentimens d'égoïsme et aux habitudes de leur vie.

— Est-il heureux, ce stupide bourgmestre, de ne pas s'apercevoir du danger que nous courons tous... Il est là comme un chien, et mourra sans agonie !... dit le docteur.

A peine avait-il dit cette phrase assez judicieuse, que la tempête déchaîna ses furies. Les vents soufflèrent de tous les côtés, la barque tournoya comme une toupie, et la mer y entra.

— Oh! mon pauvre enfant!... mon enfant!... qui sauvera mon enfant!... s'écria la mère d'une voix déchirante.

— Vous-même!... répondit l'étranger.

Le timbre de cet organe pénétra le cœur de la jeune femme, il y mit un espoir. Elle entendit cette suave parole distinctement malgré les sifflemens de l'orage et les cris poussés par les passagers.

— Sainte-Vierge de Bon-Secours, qui êtes à Anvers, je vous promets mille livres de cire et une statue, si vous me tirez de là!... s'écria le bourgeois à genoux sur ses sacs d'or.

— La Vierge n'est pas plus à Anvers qu'ici!... lui répondit le docteur.

— Elle est dans le ciel! répliqua une voix qui semblait sortir de la mer...

— Qui donc a parlé?...

— C'est le diable!... s'écria le domestique, puisqu'il se moque de la Vierge d'Anvers.

— Laissez-moi donc là votre Sainte-Vierge!... dit le patron aux passagers. Empoignez-moi les écopes, videz-moi l'eau de la barque. Et vous autres, reprit-il en s'adressant aux matelots, ramez ferme! Nous avons un moment de répit!... Au nom du diable, soyons nous-même notre providence. Ce petit canal est furieusement dangereux!... On le sait, mais voilà quarante ans que je le traverse; et ce n'est pas de ce soir que je me bats avec la tempête.

Puis, debout à son gouvernail, il continua de regarder alternativement sa barque, la mer et le ciel.

— Il se moque toujours de tout, le patron!... dit Thomas à voix basse.

— Est-ce que Dieu va nous laisser mourir, avec ces misérables manans!... demanda l'orgueilleuse jeune fille au beau cavalier.

— Non, non, noble demoiselle!... Ecoutez-moi!

Il l'attira par la taille, et lui parlant à l'oreille :

— Je sais nager!... n'en dites rien! Je vous prendrai par vos beaux cheveux, et vous conduirai doucement au rivage; mais — je ne puis sauver que vous...

La demoiselle regarda sa vieille mère. La dame était à genoux et demandait quelque absolution à l'évêque, qui ne l'écoutait pas...

Le chevalier, lisant dans les yeux de sa belle maîtresse un faible sentiment de piété filiale, lui dit d'une voix sourde :

— Soumettez-vous aux volontés de Dieu... S'il veut appeler votre mère à lui, ce sera sans doute pour son bonheur...

— En l'autre monde, ajouta-t-il d'une voix encore plus basse.

— Et pour le nôtre en celui-ci!... pensa-t-il.

La dame de Rupelmonde possédait sept fiefs, outre la baronnie de Gâvres.

La demoiselle écouta la voix de sa vie, les intérêts de son amour, parlant par la bouche du bel aventurier, jeune mécréant, qui hantait les églises par la raison qui lui faisait hanter les tripots; il y cherchait une proie, fille à marier ou beaux deniers comptans.

L'évêque bénissait les flots, et leur ordonnait de se calmer, en désespoir de cause; mais il songeait à sa concubine, qui l'attendait, avec quelque délicat festin; qui, peut-être, en ce moment se mettait au bain, se parfumait, s'habillait de velours, et faisait agrafer ses colliers de pierreries. Loin de songer aux pouvoirs de la Sainte Eglise, et de consoler ces chrétiens en les exhortant à se confier à Dieu, l'évêque pervers mêlait des regrets mondains et des paroles d'amour aux saintes paroles du bréviaire.

La lueur qui éclairait ces pâles visages permettait d'en voir les diverses expressions, quand la barque enlevée dans les airs par une vague, puis rejetée au fond de l'abîme, puis secouée comme une feuille frêle, jouet de la bise en automne, craquait dans sa coque, et semblait prête à se briser.

Alors c'étaient des cris horribles, suivis d'affreux silences.

L'attitude des personnes assises à l'avant du bateau contrastait singulièrement avec celle des gens riches ou puissans.

La jeune mère serrait son enfant contre son sein, chaque fois que les vagues menaçaient d'engloutir la fragile embarcation; mais elle croyait à l'espérance que lui avait jetée au cœur la puissante parole dite par l'étranger; et, chaque fois, elle tournait ses regards vers cet homme dont le visage lui semblait lumineusement doux; elle y puisait une foi nouvelle, la foi forte d'une femme faible, la foi d'une mère. Ne vivant plus que par la parole divine, par la parole d'amour échappée à cet homme, la naïve créature attendait avec confiance l'exécution de cette espèce de promesse, ne redoutant presque plus le péril.

Le soldat n'était pas moins curieux à voir. Sa figure rude et basanée imitait l'impassibilité de l'inconnu. Cloué sur le bord de la chaloupe, il ne cessait de contempler cet être singulier ; et, faisant usage de son intelligence et de sa volonté dont les puissans ressorts s'étaient peu viciés pendant le cours d'une vie passive et machinale qui n'avait employé que sa force physique, il ne voulait pas se montrer moins tranquille et moins calme que ce courage supérieur, devant lequel il restait en admiration. En prenant ainsi l'inconnu pour modèle, il finit par s'identifier, à son insu peut-être, au principe secret de cette puissance intérieure ; puis, ce culte du courage et de l'audace devint un fanatisme instinctif, un amour sans bornes, une croyance en cet homme, semblable à l'enthousiasme que les soldats ont pour leur chef, quand il est homme de pouvoir, environné par l'éclat des victoires, et qu'il marche au milieu des beaux prestiges du génie.

La vieille pauvresse disait à voix basse :

—Ah! pécheresse infâme que je suis!... Ai-je souffert autant qu'il le fallait pour expier les plaisirs de ma jeunesse? Ah! pourquoi, malheureuse, ai-je mené la belle vie d'une galloise? J'ai mangé le bien de Dieu avec des gens d'église, le bien des pauvres avec les torçonniers et maltôtiers!..... Ah! j'ai eu grand tort!... O mon Dieu! mon Dieu! laissez-moi finir mon enfer sur cette terre de malheur. Ou bien, Sainte Vierge, mère de Dieu, prenez pitié de moi!

—Et consolez-vous, la mère : le bon Dieu n'est pas un lombard!... Moi, j'ai tué peut-être à tort et à travers, les bons, les mauvais; eh bien, je ne crains pas la résurrection!

— Ah! monsieur l'anspessade, sont-elles heureuses, ces belles dames, d'être auprès d'un évêque, d'un saint homme! reprit la vieille. Elles auront l'absolution de leurs péchés..... Oh! si je pouvais entendre la voix d'un prêtre, me disant : — Vos péchés vous seront remis!... Je le croirais!

L'étranger se tourna vers elle, et son regard charitable la fit tressaillir.

— Ayez la foi!... lui dit-il, et vous serez sauvée!...

—Que Dieu vous récompense!... mon bon Seigneur, répondit-elle. Si vous dites vrai, j'irai pour vous et pour moi en pèlerinage à Notre-Dame-de-Lorette, pieds nus...

Les deux paysans, le père et le fils, restaient silencieux, résignés et soumis à la volonté de Dieu, en gens accoutumés à suivre instinctivement, comme les animaux, le branle donné à la nature...

Ainsi, d'un côté les richesses, l'orgueil, la science, la débauche, le crime, toute la société humaine, telle que la font les arts, la pensée, l'éducation, le monde et ses lois; mais aussi, de ce côté seulement, les cris, la terreur, mille sentimens divers combattus par des doutes affreux, là, seulement, les angoisses de la peur!... Puis, au dessus de ces types d'existences sociales, un homme puissant, le patron de la barque, ne doutant de rien, le chef, le roi, se faisant sa propre providence, et fataliste, et criant:—« Sainte-Ecope!... » et non pas:— « Sainte-Vierge!... » enfin, défiant l'orage, et luttant avec lui corps à corps.

A l'autre bout de la nacelle, des faibles!... La mère berçant, dans son sein, un petit enfant qui souriait à l'orage. Une fille, jadis joyeuse, maintenant livrée à d'horribles remords. Un soldat criblé de blessures, sans autre récompense que sa vie mutilée pour prix d'un dévoûment infatigable. Pour salaire de sa mort de tous les jours, il avait à peine un morceau de pain trempé de pleurs. Cependant il se riait de tout et marchait sans soucis. Heureux quand il noyait sa gloire au fond d'un pot de bière ou la racontait à des enfans qui l'admiraient, il commettait gaîment à Dieu le soin de son avenir. Enfin, deux paysans, gens de peine et de fatigue, le travail incarné, labeur dont vivait le monde. Toutes ces créatures étaient ignorantes, simples, insouciantes de la pensée et de ses trésors, mais prêtes à les abîmer dans une croyance, ayant la foi d'autant plus robuste qu'elles n'avaient jamais rien discuté, analysé; natures vierges, où la conscience était restée pure et le sentiment puissant; parce que le remords, le malheur, l'amour, le travail avaient purifié, concentré, doublé, exercé leur volonté, la seule chose qui, dans l'homme, ressemble à ce que les savans nomment une âme...

Aussi, quand la barque, conduite par la miraculeuse adresse du pilote, arriva presque en vue d'Ostende, à cinquante pas du rivage, et que, poussée par une convulsion de la tempête, elle chavira soudain; que l'étranger au lumineux visage dit à ce petit monde de douleur :

— Ceux qui ont la foi, seront sauvés en me suivant !...

Et que cet homme se leva, marcha d'un pas ferme sur les flots :

La jeune mère prit son enfant dans ses bras et marcha près de lui sur la mer.

Puis, le soldat se dressa soudain en disant dans son langage de naïveté :

— Ah! nom d'une pipe, je te suivrai au diable.

Et sans paraître étonné, il marcha sur la mer.

Et la vieille pécheresse, croyant à la toute-puissance de Dieu, suivit l'homme et marcha sur la mer.

Et les deux paysans se dirent :

— Puisqu'ils marchent sur l'eau, pourquoi ne ferions-nous pas comme eux?...

Ils se levèrent et coururent après eux en marchant sur la mer.

Thomas voulut les imiter, mais, sa foi chancelant, il tomba plusieurs fois dans la mer, se releva; puis, après trois épreuves, il suivit le cortége des hommes de croyance et de volonté.

L'audacieux pilote s'était attaché comme un *rémora* sur le plancher de sa barque.

L'avare avait eu la foi et s'était levé; mais c'était par avarice, il voulut emporter son or, et son or l'emporta au fond de la mer.

Se moquant du charlatan et des imbéciles qui l'écoutaient, au moment où il vit l'inconnu proposant aux passagers de marcher sur la mer, le savant se prit à rire et fut englouti par l'océan.

La jeune fille fut entraînée dans un abîme par son amant.

L'évêque et la vieille dame allèrent au fond, lourds de crimes, peut-être; mais plus lourds encore d'incrédulité, de confiance en de fausses images; lourds de dévotions, légers d'aumônes et de vraie religion.

La troupe fidèle, qui foulait d'un pied ferme et sans se mouiller la plaine des eaux courroucées, entendait autour d'elle les sifflemens horribles d'une tempête. D'énormes lames venaient se briser sur son chemin; mais une force invincible coupait l'océan; et, à travers le brouillard, ces fidèles apercevaient dans le lointain, sur le rivage, une petite lumière faible qui tremblottait par la fenêtre d'une cabane de pêcheurs. Ils marchaient courageusement vers cette lueur; et, à travers les mugissemens de la mer, chacun croyait entendre son voisin criant :

— Courage !...

Et, cependant, attentif à son danger, personne ne disait mot.

Ils atteignirent ainsi le bord de la mer; et, quand ils furent tous assis au foyer du pêcheur, ils cherchèrent en vain leur guide lumineux.

Le fils de l'homme était assis sur le haut d'un rocher, au bas duquel l'ouragan jeta le pilote attaché sur sa planche avec cette force surnaturelle qu'ont les marins en se noyant; il descendit, recueillit le naufragé presque brisé; puis il dit en étendant une main secourable sur sa tête :

— Bon pour cette fois-ci !... mais n'y revenez plus, ce serait d'un trop mauvais exemple.

Il prit le marin sur ses épaules et le porta jusques à la chaumière du pêcheur. Il frappa pour le malheureux, afin qu'on lui ouvrît la porte de ce modeste asile, et le Sauveur de ces hommes disparut.

En cet endroit, fut bâti, pour les marins, le couvent de la *Merci*, où se vit long-temps l'empreinte que les pieds de Jésus-Christ avaient laissée sur le sable. En 1793, lors de l'entrée des Français en Belgique, des moines emportèrent cette précieuse relique.

L'Eglise.

J'étais fatigué de vivre, et, si vous m'eussiez demandé raison de mon désespoir, il m'aurait été presque impossible d'en trouver la cause, tant mon âme était devenue molle et fluide. Les ressorts de mon intelligence s'étaient détendus sous la brise d'un vent d'ouest... Le ciel versait un froid noir, et les nuées brunes qui passaient au-dessus de ma tête donnaient à toute la nature une expression sinistre. L'eau jaune de la Loire, les peupliers décharnés de ses rives, tout me disait :

— Mourir aujourd'hui, — ou mourir demain !... il faudra toujours mourir..... — Et, alors...

J'errais en pensant à un avenir douteux, à mes espérances déchues. En proie à ces idées funèbres, j'entrai machinalement dans la sombre cathédrale de Saint-Gatien, dont les tours grises m'apparaissaient alors comme des fantômes à travers la brume.

Je regardai sans enthousiasme cette forêt de colonnes assemblées dont les chapiteaux feuillus soutiennent des arcades légères !..... Labyrinthe élégant !... Je marchais, insouciant, dans les nefs latérales qui se déroulaient devant moi comme des portiques sans fin..... La lumière incertaine d'un jour d'automne permettait à peine de voir, en haut des voûtes, les clefs sculptées, les nervures délicates qui dessinaient si purement les angles de mille cintres gracieux..... Les orgues étaient muettes. Le bruit seul de mes pas réveillait les graves échos cachés dans les chapelles noires.

Je m'assis auprès d'un des quatre piliers qui

soutiennent la grande nef, près du chœur.....
De là, je pouvais saisir l'ensemble de ce monument... Je le contemplais sans y attacher aucune idée, presque sans le voir ; et c'était, pour ainsi dire, par l'effet mécanique de mes yeux que j'embrassais et le dédale imposant de tous les piliers, et les roses immenses, miraculeusement attachées, — comme des réseaux, — au dessus des portes latérales ou du grand portail, et les galeries aériennes, riches d'ogives, garnies de petites colonnes menues qui séparaient les vitraux enchâssés par des arcs, par des trèfles ou par des fleurs, — espèce de filigrane en pierre...

Du côté du chœur, le dôme de verre étincelait comme s'il était bâti de pierres précieuses habilement serties... A droite et à gauche, les deux nefs profondes formaient un contraste puissant, en opposant à cette voûte, tour à tour blanche et coloriée, l'ombre noire au sein de laquelle se dessinaient faiblement des arceaux hardiment élancés et les fûts indistincts de cent colonnes grisâtres...

A force de regarder ces arcades merveilleuses, ces arabesques de marbre, ces festons, ces spirales, ces fantaisies sarrasines qui s'entrelaçaient les unes dans les autres, capricieusement éclairées, tour à tour sombres et brillantes, mes perceptions devinrent confuses ; et je me trouvai, comme sur la limite des illusions et de la réalité, pris dans les piéges de l'optique et presque étourdi par la multitude des aspects... Insensiblement, ces pierres découpées devinrent moins vivantes, moins vraies, et se voilèrent imparfaitement. Je ne les vis plus qu'à travers un brouillard diaphane, au sein d'un nuage formé par une poussière d'or, semblable à celle qui voltige dans les bandes lumineuses tracées par un rayon de soleil dans une chambre...

Puis, au sein de cette atmosphère vaporeuse qui rendit toutes les formes indistinctes, la dentelle des roses resplendit tout à coup. Chaque nervure, chaque arête sculptée, le moindre trait devint d'argent. Le soleil alluma des feux dans tous les vitraux dont les riches couleurs scintillèrent comme des étoiles. Les colonnes s'agitèrent, et leurs chapiteaux s'ébranlèrent doucement. Un tremblement caressant disloqua l'édifice, et le frises se remuèrent avec de gracieuses précautions... Il y eut de gros piliers dont les mouvemens furent graves comme la danse d'une douairière qui, sur la fin d'un bal, figure par complaisance pour compléter les quadrilles. Mais il y eut aussi de petites colonnes minces et droites qui se mirent à rire et à sauter, parées de leurs couronnes de trèfles... Quelques cintres pointus se heurtèrent avec les hautes fenêtres, longues et grêles, semblables à ces dames du moyen-âge qui portaient les armoiries de leurs maisons peintes sur leurs robes dorées. La danse de ces arcades mitrées avec ces élégantes croisées ressemblait aux luttes d'un tournoi... Enfin, bientôt chaque pierre vibra dans l'église, mais sans changer de place. Les orgues parlèrent, et me firent entendre une harmonie divine à laquelle se mêlèrent des voix d'anges. Cette musique était accompagnée par la sourde basse-taille des cloches, dont les tintemens annonçaient que les deux tours colossales se balançaient aussi gravement sur leurs bases carrées...

Ce sabbat étrange me semblait la chose du monde la plus naturelle, et je ne m'en étonnais pas, parce que j'étais moi-même doucement agité comme sur une escarpolette. Je ressentais une sorte de plaisir nerveux dont il me serait impossible de donner une idée. Le chœur était froid comme si l'hiver y eût régné, et j'y vis une multitude de femmes vêtues de blanc, mais immobiles... Elles ne faisaient aucun bruit. C'étaient comme des ombres. Quelques encensoirs répandaient une odeur douce qui pénétrait jusqu'à mon âme et la réjouissait. Les cierges flamboyaient. Le lutrin, aussi gai qu'un chantre pris de vin, sautait comme un chapeau chinois!...

A force de contempler ce merveilleux spectacle, je compris que la cathédrale tournait sur elle-même avec tant de rapidité que chaque objet semblait y rester à sa place... Le Christ colossal fixé sur l'autel, rayonnat e t me souriait avec une malicieuse bienveillance qui me rendit craintif.

Alors, je cessai de le regarder pour admirer, dans le lointain, une bleuâtre vapeur qui, en se glissant à travers les piliers blancs, leur imprimait une grâce indescriptible. Il y avait de ravissantes figures de femmes qui souriaient dans toutes les frises, des enfans qui criaient et battaient des ailes en soutenant de grosses colonnes..... Je me sentais soulevé par une puissance divine, j'étais plongé dans une joie infinie, dans une extase molle, douce; et, pour en prolonger la durée, j'aurais, je crois, donné ma vie, quand tout à coup, une voix criarde me dit à l'oreille :

— Réveille-toi, suis-moi!...

C'était une femme desséchée qui me prit la main et me communiqua le froid le plus horrible à tous les nerfs.

Elle était décrépite et maigre; ses os se voyaient à travers une peau ridée; sa figure blême et d'une pâleur verdâtre, était crochue. Cette petite vieille froide portait une robe noire, traînée dans la poussière; puis, elle avait à son cou quelque chose de blanc que je n'osais pas examiner. En marchant, ses os claquaient comme ceux d'un squelette. Ses yeux fixes, levés vers le ciel, ne laissaient voir que le blanc des prunelles. Elle m'entraînait à travers l'église et marquait son passage par des cendres qui tombaient de sa robe. A mesure que nous marchions, j'entendais derrière moi le tintement d'une clochette dont les sons pleins d'aigreur retentissaient dans mon cerveau, comme ceux d'un perçant harmonica.

— Il faut souffrir!... il faut souffrir!... me disait-elle.

Nous sortîmes de l'église, nous traversâmes les rues de la ville, des rues étroites et fangeuses; puis, elle me fit entrer dans une maison noire, où elle m'attira en me criant de sa voix, dont le timbre était fêlé comme celui d'une cloche cassée:

— Défends-moi!... défends-moi!...

Nous montâmes un escalier tortueux. Quand elle eut frappé à une porte obscure, un homme muet, semblable aux familiers de l'inquisition, nous ouvrit; et nous nous trouvâmes bientôt dans une chambre tendue de vieilles tapisseries trouées, pleine de vieux linges, de mousselines fanées, de cuivres dédorés.

— Voilà d'éternelles richesses!... dit-elle.

Je frémis d'horreur en voyant alors distinctement, à la lueur d'une longue torche et de deux cierges, que cette femme devait être récemment sortie d'un cimetière. Sa robe cachait un linceul. Elle n'avait pas de cheveux. Je voulus fuir, elle fit mouvoir son bras desséché, m'entoura d'un cercle de fer armé de pointes; et, à ce mouvement, un cri poussé par des millions de voix retentit près de nous...

— Je veux te rendre heureux à jamais!... dit-elle. Tu es mon fils!

Nous étions assis devant un foyer dont les cendres étaient froides, et la petite vieille me serrait la main si fortement que je dus rester là. Alors je la regardai fixément, et je tâchai de deviner l'histoire de sa vie en examinant toutes les nippes au milieu desquelles elle croupissait...

Mais existait-elle?... C'était vraiment un mystère.

Je voyais bien que jadis elle avait dû être jeune et belle, parée de toutes les grâces de la simplicité, véritable statue grecque, blanche, au front virginal.

— Ah! ah! lui dis-je, maintenant je te reconnais!..... Malheureuse!..... Pourquoi t'es-tu prostituée aux hommes?... Dans l'âge des passions, devenue riche, tu as oublié ta pure et suave jeunesse, tes dévouemens sublimes, tes mœurs innocentes, tes croyances fécondes, et tu as abdiqué ton pouvoir primitif, ta suprématie toute intellectuelle pour les pouvoirs de la chair. Alors, quittant tes vêtemens de lin, ta couche de mousse, tes grottes éclairées par de divines lumières, tu as étincelé de diamans, de luxe et de luxure!... Hardie, fière, voulant tout, obtenant tout et renversant tout sur ton passage, comme une prostituée en vogue qui court à l'Opéra, tu as été sanguinaire, comme une reine hébétée de plaisir !..... Ne te souviens-tu pas d'avoir été souvent stupide par moment; puis tout à coup merveilleusement intelligente, à l'exemple d'un jeune journaliste sortant d'une orgie.

Enfin, poëte, peintre, cantatrice, aimant les cérémonies splendides, tu n'as peut-être protégé les arts que par caprice, et seulement pour dormir sous des lambris magnifiques?

Un jour, fantasque et insolente, toi qui devais être chaste et modeste, n'as-tu pas tout soumis à ta pantoufle, et ne l'as-tu pas jetée sur la tête des souverains qui avaient ici bas le pouvoir, l'argent, et le talent?

Enfin, n'as-tu pas joué, comme Ninon, avec ton fils?... Il t'a tuée!...

Insultant à l'homme et prenant joie à voir jusqu'où allait la bêtise humaine, tantôt tu disais à tes amans de marcher à quatre pattes, de te donner leurs biens, leurs trésors, leurs femmes même, quand elles valaient quelque chose! Tu as, sans motif, dévoré des millions d'hommes!... Tu les a jetés comme des nuées sablonneuses de l'occident sur l'orient... Tu es descendue des hauteurs de la pensée pour t'asseoir à côté des rois!... Femme, au lieu de consoler les hommes, tu les a tourmentés, affligés!...

Sûre d'en obtenir, tu demandais du sang! Tu pouvais cependant te contenter d'un peu de farine, puisque tu avais été élevée à manger des gâteaux et à mettre de l'eau dans ton vin.

Originale en tout, tu défendais jadis à tes amans épuisés de manger, et ils ne mangeaient pas.

Pourquoi extravaguais-tu jusqu'à vouloir l'impossible, et, comme une femme gâtée par ses adorateurs, pourquoi t'es-tu affolée de niaiseries et n'as-tu pas détrompé les gens qui les trouvaient ravissantes et qui expliquaient ou justifiaient toutes tes erreurs?

Enfin, tu as eu tes dernières passions! Et, terrible comme l'amour d'une femme de quarante ans, tu as rugi! tu as voulu étreindre l'univers entier dans un dernier embrassement: et l'univers, qui t'appartenait, t'a échappé.

Puis, après les jeunes gens, sont venus à tes pieds des vieillards, des impuissans, qui t'ont rendue hideuse, et cependant quelques hommes à coup d'œil d'aigle te disaient d'un regard :

« Tu périras sans gloire, parce que tu as trompé, parce que tu as manqué à tes promesses de jeune fille. Au lieu d'être un ange au front de paix, et de semer la vie et le bonheur sur ton passage, tu as été une Messaline aimant le cirque et les débauches, abusant de ton pouvoir... Tu ne peux plus redevenir vierge, il te faudrait un maître..... Ton temps arrive... Tu sens déjà la mort... Tes héritiers te croient riches; ils te tueront et ne recueilleront rien. Essaie au moins de jeter tes hardes qui ne sont plus de mode, redeviens ce que tu étais jadis. — Mais non ! tu t'es suicidée !... »

C'est là ton histoire, lui dis-je en finissant, vieille caduque, édentée, froide, maintenant oubliée, et qui passes sans obtenir un regard... Pourquoi vis-tu ? Que fais-tu de ta robe de plaideuse qui n'excite le désir de personne ?... où est ta fortune ?..... pourquoi l'as-tu dissipée ?... où sont tes trésors ? Qu'as-tu fait de beau ?.....

A cette demande, la petite vieille se dressa sur ses os, rejeta ses guenilles, grandit, s'éclaira, sourit, sortit de sa chrysalide noire; et, comme un papillon nouveau-né, m'apparut blanche et jeune, vêtue d'une robe de lin. Ses cheveux d'or flottèrent sur de ravissantes épaules; ses yeux scintillèrent; un nuage lumineux l'environna; un cercle d'or voltigea sur sa tête; elle fit un geste vers l'espace en agitant une longue palme verte.

Aussitôt, je vis dans le lointain des milliers de cathédrales, semblables à celles que je venais de quitter, mais ornées de tableaux et de fresques; puis, j'y entendis de ravissans concerts. Autour de ces monumens, des milliers d'hommes se pressaient, comme des fourmis dans leurs fourmilières. Les uns empressés de sauver des livres, de copier des manuscrits; les autres servant les pauvres, presque tous étudiant; et, du sein de ces foules innombrables surgissaient des statues colossales, élevées par eux. A la lueur fantastique, projetée par un luminaire aussi grand que le soleil, je lus sur le socle de ses statues : Histoire. — Sciences. — Littératures. Enfin, tous les noms sous lesquels les hommes d'aujourd'hui rangent les collections d'idées dont ils sont fiers.

La lumière s'éteignit, je me retrouvai devant la jeune fille, qui, graduellement, rentra dans sa froide enveloppe, dans ses guenilles mortuaires, et redevint vieille.

Son familier lui apporta un peu de poussier, afin qu'elle renouvelât les cendres de sa chaufferete, car le temps était rude; puis, il lui alluma, à elle qui avait eu des milliers de bougies dans ses palais, une petite veilleuse afin qu'elle pût lire ses prières pendant la nuit.

Telle était la situation critique dans laquelle je vis la plus belle, la plus vaste, la plus vraie, la plus féconde de toutes les idées humaines.

—Réveillez-vous, Monsieur, l'on va fermer les portes!..... me dit une voix rauque.

En me retournant, j'aperçus l'horrible figure du donneur d'eau bénite. Il m'avait secoué le bras. Je trouvai la cathédrale humide, et tout ensevelie dans l'ombre, comme un homme enveloppé d'un manteau...

En marchant sur les bords du fleuve, je croyais sentir encore l'église dansant sous moi.

FIN DU TROISIÈME VOLUME.

TABLE

DES MATIÈRES

CONTENUES

DANS LES TOMES I, II ET III DES ROMANS ET CONTES PHILOSOPHIQUES.

TOME PREMIER.

 |Pag.
---|---
INTRODUCTION AUX ROMANS ET CONTES PHILOSOPHIQUES. | 5
LA PEAU DE CHAGRIN. | 49
PREMIÈRE PARTIE. — La Peau de Chagrin. | 51
DEUXIÈME PARTIE. — La Femme sans cœur. | 201

TOME DEUXIÈME.

 |
---|---
LA PEAU DE CHAGRIN (SUITE DE). |
TROISIÈME PARTIE. — L'Agonie. | 35
SARRASINE. | 247
I. Les deux Portraits. | 249
II. Une Passion d'Artiste. | 278
LA COMÉDIE DU DIABLE. | 323
I. L'Introït. | 325
II. Représentation éternelle. | 357
EL VERDUGO. | 389

TOME TROISIÈME.

Pag.

L'ENFANT MAUDIT. 1
   I. Une Chambre à coucher du XVIe siècle. 3
   II. Le Rebouteur. 32
   III. L'Amour paternel. 59

L'ÉLIXIR DE LONGUE VIE. 97
   I. Festin. 99
   II. Fin. 125

LES PROSCRITS. 149
   I. Le Sergent de Ville. 151
   II. Le Docteur en théologie mystique. 177
   II. Le Poëte. 203

LE CHEF-D'ŒUVRE INCONNU. 221
   I. Gillette. 223
   II. Catherine Lescault. 247

LE RÉQUISITIONNAIRE. 265

ÉTUDE DE FEMME. 301

LES DEUX RÊVES. 321

JÉSUS-CHRIST EN FLANDRE. 351

L'ÉGLISE. 379

FIN DE LA TABLE.

www.ingramcontent.com/pod-product-compliance
Lightning Source LLC
Chambersburg PA
CBHW052128230426
43671CB00009B/1157